DIÁRIO
DE UMA
CONQUISTA

SANDRO MACEDO

Diário de uma Conquista

Os 15 dias em que o Corinthians abalou o mundo

PRUMO

Copyright 2013 © Sandro Macedo

Todos os direitos reservados. Nenhuma parte desta obra pode ser reproduzida ou transmitida por qualquer forma ou meio eletrônico ou mecânico, inclusive fotocópia, gravação ou sistema de armazenagem e recuperação de informação, sem a permissão escrita do editor.

Direção editorial
Jiro Takahashi

Editora
Luciana Paixão

Editora assistente
Anna Buarque

Preparação de texto
Rosamaria Gaspar Affonso

Revisão
Rinaldo Milesi
Fernanda Iema

Projeto gráfico de capa
Ana Dobón

Produção de arte
Marcos Gubiotti

Imagens de capa: Ricardo Nogueira

Todas as fotografias publicadas neste livro foram extraídas dos acervos pessoais do autor.

CIP-Brasil. Catalogação na fonte
Sindicato Nacional dos Editores de Livros, RJ

M119d   Macedo, Sandro
        Diário de uma conquista: os 15 dias em que o Corinthians abalou o mundo / Sandro Macedo. – 1. ed. – São Paulo: Prumo, 2013.
        144 p.: il.; 21 cm

        ISBN 978-85-7927-281-3

        1. Sport Club Corinthians Paulista - História. 2. Clubes de futebol - São Paulo (SP). 3. Futebol - Brasil - História. 4. Futebol - Torneios. I. Título.

13-00422   CDD: 796.334098161
                                                                                                        CDU: 796.332(815.61)

Direitos de edição: Editora Prumo Ltda.
Rua Júlio Diniz, 56 – 5º andar – São Paulo - SP – CEP: 04547-090
Tel.: (11) 3729-0244 – Fax: (11) 3045-4100
E-mail: contato@editoraprumo.com.br
Site: www.editoraprumo.com.br
facebook.com/editoraprumo | @editoraprumo

"O troféu é uma retribuição a todo torcedor corintiano pelo carinho que deu à equipe. Os que vieram para cá e aqueles que estão no Brasil, que não puderam estar presentes, mas estão presentes em espírito." – Tite.

SUMÁRIO

DIA 1	Segunda-feira, 3 de dezembro, São Paulo	11
DIA 2	Terça-feira, 4 de dezembro, em trânsito até Dubai	17
DIA 3	Quarta-feira, 5 de dezembro, Dubai	19
DIA 4	Quinta-feira, 6 de dezembro, Nagoya	25
DIA 5	Sexta-feira, 7 de dezembro, Nagoya	33
DIA 6	Sábado, 8 de dezembro, Nagoya	41
DIA 7	Domingo, 9 de dezembro, Nagoya	45
DIA 8	Segunda-feira, 10 de dezembro, Nagoya	57
DIA 9	Terça-feira, 11 de dezembro, Nagoya	63
DIA 10	Quarta-feira, 12 de dezembro, Nagoya	69
DIA 11	Quinta-feira, 13 de dezembro, em trânsito para Yokohama	81
DIA 12	Sexta-feira, 14 de dezembro, Yokohama	89
DIA 13	Sábado, 15 de dezembro, Yokohama	99
DIA 14	Domingo, 16 de dezembro, Yokohama	105
DIA 15	Segunda-feira, 17 de dezembro, em trânsito de Yokohama ao Brasil	123

Para o "personal mestre" Sérgio Rizzo,
o homem por trás da ideia

Para Vitor Guedes e, principalmente,
Lucas Reis, companheiros de *Grupo Folh*a
que tornaram a viagem muito mais aprazível

Para Karina, meu amuleto da sorte

Para meus pais

DIA 1

Segunda-feira, 3 de dezembro, São Paulo

 Rumo ao bi

Cerca de 15 mil torcedores escoltam o Corinthians até o aeroporto de Guarulhos e cantam pelo time no saguão. Não, não era a chegada triunfante após uma conquista. Era só o embarque. Mas essa história começou um pouco antes.

Quase cinco meses já haviam passado desde a noite de 4 de julho, quando num Pacaembu lotado o Corinthians finalmente conquistou a Copa Libertadores. Na final, o time de Tite controlou o jogo desde o primeiro minuto e marcou 2 a 0 sem muitas dificuldades para levantar o troféu mais cobiçado pelo clube.

Ironicamente, o trauma de nunca ter vencido o principal torneio do continente terminou no dia da independência dos Estados Unidos. Para o corintiano, a data agora representa também o dia da independência da chacota alheia. O torcedor estava oficialmente livre das piadas de são-paulinos, santistas e palmeirenses, todos com o nome gravado no troféu há anos.

E dez meses depois, o que era piada ficou oficial: a Câmara Legislativa de São Paulo aprovou o 4 de julho como o Dia da Independência Corintiana.

O título continental credenciou o Corinthians para sua viagem ao Japão buscar o bicampeonato no Mundial de Clubes da Fifa. Mesmo com a chancela da entidade que rege o futebol, o primeiro título sempre foi alvo de desconfiança dos rivais. Afinal, o clube alvinegro ganhara o troféu de 2000 quando o torneio era embrionário.

Disputado no Brasil, com sedes em São Paulo e Rio, o Mundial daquele ano parece ter sido levado a sério apenas pelos representantes locais, Vasco e Corinthians. Os cariocas participavam do torneio devido a uma manobra da Conmebol, que convidou o campeão da Libertadores de 1998 (Vasco), assegurando um time do Rio em uma das sedes. O Palmeiras, campeão de 1999, ficou fora.

O Corinthians disputou o torneio como o campeão brasileiro, o convidado local, sem ter sido necessário passar pela barreira da Libertadores. E foram justamente os brasileiros que fizeram a final, no Maracanã. Após um empate de 0 a 0, o Corinthians conquistou a taça marcando 4 a 3 na decisão por pênaltis.

Dois fatores colaboraram para a pouca credibilidade do torneio. Primeiro: no final do mesmo ano foi disputado o Mundial Interclubes, que reunia apenas o campeão da Libertadores (Boca Juniors) e da Liga dos Campeões da Europa (Real Madrid). Como habitualmente, a decisão se deu em jogo único, no Estádio Olímpico de Tóquio. Com uma vitória de 2 a 1, os argentinos se sagraram campeões. Segundo: o desleixo da Fifa. Em 2001, o torneio com todos os campeões continentais, como é disputado hoje e como foi quando o Corinthians o conquistou, foi abandonado. Até 2004, o campeão mundial continuou sendo reconhecido apenas pela final do Interclubes na capital japonesa. Só em 2005 a Fifa finalmente deu continuidade ao modelo testado em 2000.

Assim, com o título da Libertadores, o Corinthians entrava na disputa do torneio pela primeira vez como representante do continente. Não mais como time convidado.

 **Contusão e derrota antes do embarque**

Tite aproveitou a reta final do Campeonato Brasileiro para lapidar o time rumo ao Mundial. Lesionados foram tratados. Jogadores com fadiga tiveram folgas. Tudo para o grupo atingir o ponto físico ideal para a competição no Japão, que sempre recebe europeus e sul-americanos em momentos distintos do ano: enquanto o campeão da Champions está apenas no meio da temporada, que começa em agosto, os times brasileiros chegam já desgastados de competições em que participam desde fevereiro.

Das últimas seis rodadas do Brasileiro, período do teste final, Tite contava ao menos com uma derrota. Só não queria que fosse para o São Paulo, rival com quem faria o clássico na última rodada. Deu azar.

No Pacaembu, com minoria corintiana (o São Paulo era mandante), o time do Morumbi entrou em campo com um time misto em razão de sua outra prioridade, a final da Copa Sul-Americana. E mesmo assim, a equipe comandada por Ney Franco ganhou de 3 a 1 de virada. O Corinthians jogou com sua formação praticamente ideal.

Pior, o atacante Paolo Guerrero, principal contratação do time após a Libertadores, contundiu-se ainda no começo do jogo. O peruano sentiu dores no joelho logo depois de marcar o gol do time, mas ficou em campo até os 41min do primeiro tempo.

Na tarde antes de seguir para o aeroporto, a lesão no ligamento colateral medial do joelho direito de Guerrero foi diagnosticada. Apesar disso, a viagem do peruano não foi colocada em dúvida em nenhum momento. Se não pudesse jogar na estreia, dia 12, o atacante teria chances de disputar a partida final, quatro dias depois.

Ainda irritado com o resultado do jogo, Tite elegeu a falta de entrega do time como principal justificativa para a derrota contra os reservas são-paulinos. Por outro lado, o treinador gaúcho tentou tirar algum proveito da situação: "Imagine o auê que seria [caso tivesse vencido o clássico]". Horas depois, no embarque, mesmo com a derrota, o auê se concretizou, não dos jogadores, mas da torcida.

 **Antes do embarque, o mar negro**

Com o voo da delegação corintiana marcado para 1h25 da madrugada, esperava-se um grande fluxo de fãs literalmente fiéis no aeroporto durante a noite para desejar boa sorte ao time.

De fato, as despedidas antes do Mundial de Clubes estão se tornando uma tradição no Brasil. Em 2010, os colorados organizaram o "adeus" do Internacional no estádio Beira Rio mesmo, na noite anterior ao voo. Teve até exibição de filme (o documentário "Absoluto", sobre o título da Libertadores) para mais de 20 mil pessoas. A viagem, um dia depois, seria durante o dia.

No ano seguinte, santistas escoltaram o time de ônibus desde o litoral. Em Guarulhos, foram reforçados por fãs da capital, que formaram uma carreata com mais de 20 veículos e lotaram o saguão do aeroporto para se despedir de Neymar e companhia.

Na semana anterior ao embarque corintiano, a assessoria de imprensa do clube já dava a dica aos jornalistas que também estariam no aeroporto: saiam cedo de casa porque será um tumulto.

Durante o percurso para Guarulhos, era possível encontrar vários ambulantes vendendo bandeiras do Corinthians e também do São Paulo, que jogaria a primeira partida da final da Sul-Americana na quarta, contra o argentino Tigre. Na estilizada peça corintiana, a inscrição tradicional já não condizia com a realidade atual: Rumo a Tóquio. A última vez que a capital japonesa abrigou a finalíssima foi no longínquo 2001, nos tempos de jogo único. Desde então, sempre que o torneio ocorreu no Japão, Yokohama sediou a decisão.

No fim da tarde, muito antes do check-in, já era possível encontrar alguns jornalistas no saguão. Aos poucos, os torcedores começaram a se aglomerar, todos devidamente paramentados, e até à noite o prometido "mar negro" já tomava o espaço aos gritos de "aha, uhu, o aeroporto é nosso".

Funcionários do aeroporto tentavam avisar aos torcedores, primeiro com placas, depois com alto-falantes, que se dirigissem para o lado de fora do saguão e aguardassem a passagem do ônibus com o time no portão 3, perto da torre de controle. Entre os gritos e as faixas de apoio não faltaram as gozações ao rival Palmeiras, rebaixado para a segunda divisão do Brasileiro. A polícia calculava que mais de 15 mil torcedores foram a Guarulhos. A confusão na entrada do aeroporto fez com que algumas pessoas perdessem seus voos ou enfrentassem atrasos. De acordo com a Infraero, 26 voos foram adiados por causa da multidão. Outros 11 tiveram que ser cancelados.

Passava das 23h quando o ônibus do clube chegou por uma entrada lateral, no meio do povo. Mesmo conhecendo a euforia de sua torcida, alguns jogadores ficaram emocionados e se limitavam a registrar o "mar negro" com fotos ou vídeos.

Não satisfeita após a passagem do time, a torcida invadiu o Terminal 2 do aeroporto e transformou a área em arquibancada. Um prenúncio da invasão que estava por vir.

DIA 2

Terça-feira, 4 de dezembro, em trânsito até Dubai

 **O voo**

Alguns torcedores, vários jornalistas e a delegação corintiana embarcaram no voo EK 262 da Emirates, que partiu à 1h25 do aeroporto de Guarulhos rumo a Dubai. Além das seis horas de fuso, o grupo enfrentaria mais 14 de voo. Ou seja, só chegaria ao seu destino na noite seguinte. Até por isso, a escolha da companhia aérea foi feita a dedo pelo Corinthians. Se teria que perder mais de meio dia voando, que fosse num avião confortável, e a Emirates atendia à expectativa.

Enquanto uns se distraíam com programas de TV ou filmes exibidos a bordo (*O Legado Bourne* e *O Espetacular Homem-Aranha* eram os preferidos), outros, como Emerson, passaram quase todo o tempo dormindo. Paulo André, considerado o intelectual do grupo, foi um dos poucos a optar pela leitura, com *O Último Trem de Hiroshima*, com relatos de sobreviventes da explosão nuclear.

A única turbulência, dentro ou fora da aeronave, foi causada justamente pelos jornalistas, que tentavam conseguir alguma entrevista na classe executiva, onde os jogadores estavam — Tite viajou na primeira classe. Guilherme Prado, assessor de imprensa do clube, até tentou organizar as entrevistas, ainda na sala de embarque de Guarulhos. A ideia era que os profissionais da imprensa pudessem falar rapidamente com os jogadores que estivessem dispostos, de dois em dois, apenas nas horas finais do voo. Assim, todos teriam algum material para levar às suas respectivas Redações sem causar muito transtorno no avião. Porém, à medida em que o avião se aproximava de seu destino, a imprensa começou a se agitar em demasia. Ninguém queria levar um furo de reportagem, ou seja, ver o colega conseguindo algo exclusivo. Assim, quando um levantava para acessar a classe executiva, vários se mobilizavam também, alguns até com câmera de TV. Essa movimentação começou a irritar os comissários de bordo, que pediam constantemente para que todos os passageiros se sentassem. E poucos conseguiram falar com algum atleta.

Previsto para chegar às 21h15, horário de Dubai, o avião atrasou cerca de meia hora. No desembarque, jogadores com expressões cansadas ou sonolentas se limitavam a fazer sinais de positivo. Sempre simpático, Tite deu boa-noite aos profissionais da imprensa. Depois do inesquecível "comitê de despedida" da torcida, em Guarulhos, nenhum corintiano aguardava o time no aeroporto de Dubai. Apenas um funcionário da própria Emirates esperava a delegação para ajudar nos trâmites alfandegários. Os torcedores que estavam a bordo saíram felizes, exibindo autógrafos em camisetas como se fossem troféus.

DIA 3

Quarta-feira, 5 de dezembro, Dubai

 **Em Dubai, último dia de sol**

Equipes que saem do Brasil para disputar o Mundial no Japão normalmente escolhem a Europa como local para a primeira escala. Foi assim com o Santos, em 2011, quando parou em Frankfurt, na Alemanha, antes de chegar ao destino final. O Corinthians preferiu Dubai, local que trazia algumas vantagens.

De cara, a delegação já cumpria seis das 11 horas de diferença do fuso horário de São Paulo para o Japão (Frankfurt está apenas três horas à frente). Viajar para o Emirado também significava mais um dia longe do frio que os aguardava em Nagoya. Dubai tinha temperatura superior a 25°C, que parecia mais de 150°C no clima seco.

Por outro lado, sobra luxo na região para quem tem dinheiro para aproveitá-lo. E a delegação corintiana desfrutou um pouco da mordomia local. O hotel escolhido para a equipe passar o primeiro dia no exterior foi o ostentoso Grand Hyatt. Um cinco estrelas construído em 2003, com 16 restaurantes, capazes de agradar a todo tipo de paladar, com cozinha tailandesa, francesa, italiana, árabe, americana e até japonesa, caso alguém já quisesse entrar no clima. Além disso, tinha 10 bares, incluindo um à beira da bela piscina, e 37 acres de jardins próximos a um campo de golfe que nenhum jogador usou.

Pela manhã, no imponente lobby do hotel, o gerente de futebol Edu Gaspar conversava com os jornalistas descontraidamente. Não se tratava de uma entrevista coletiva, mas apenas de um bate-papo fortuito.

Edu lembrava seu bom momento na Europa, quando jogou num Arsenal vencedor na Inglaterra, ao contrário do time atual, que luta para ser a quarta força do país, atrás dos dois times de Manchester e do Chelsea, possível rival corintiano na final. O dirigente teve tempo também para comentar um boato infundado sobre Thierry Henry, seu colega nos tempos do clube de Londres.

Dias antes, um site publicou uma foto de um suposto Henry numa casa noturna da rua Augusta. O autor do furo dizia que o atacante francês poderia estar em São Paulo para assinar com o Corinthians. Lembrando da história, Edu riu. "Assim que vi a foto na internet pensei: 'Esse não é o Henry'."

Do hotel, os jogadores seguiriam para um shopping. A ideia era acelerar a recuperação em relação ao fuso e não deixar que os atletas dormissem durante o dia. "E todo jogador adora ir ao shopping", brincava Edu.

 Gato e rato no maior shopping do mundo

Enquanto a delegação corintiana saía de ônibus para o Dubai Mall, cerca de 25 jornalistas se apressavam para chegar no shopping antes e abordar os jogadores logo na entrada. Porém, o tempo passava, e nada de ônibus. Eis que alguém chega com a informação: o time já havia entrado por uma porta nos fundos. Começa então um jogo de gato e rato dentro do shopping.

Só que procurar alguém no Dubai Mall não é uma tarefa exatamente fácil. O centro de compras é o maior do mundo em extensão territorial, com 1,2 milhão de m². Abriga o maior aquário suspenso do mundo, com mais de 30 mil peixes em exposição, um parque temático da Sega e até uma pista de patinação.Possui também mais de mil lojas de todos os tipos, incluindo produtos como aquela mostarda que você só vê na França, a cheesecake que você só encontra nos Estados Unidos e outras especialidades importadas. E, claro, todas as principais grifes de roupas do planeta.

E isso não é tudo, o shopping também é uma porta de acesso ao Burj Khalifa, o prédio mais alto do mundo, com 828 m de altura. Sim, a turma do Emirado tem mania de grandeza. O local serviu até de cenário para *Missão: Impossível – Protocolo Fantasma*. No filme, Tom Cruise é obrigado a escalar o arranha-céu enquanto uma tempestade de areia se aproxima.

Com tantas atrações, encontrar os jogadores exigia esforço digno de uma missão de Ethan Hunt. Assim, os jornalistas começaram a se espalhar pelos corredores das lojas, apostando que os atletas seriam fisgados pelas grifes internacionais. Turistas que percebiam a movimentação de pessoas carregando câmeras, gravadores e bloquinhos ficavam curiosos com tantos profissionais da mídia no local. E perguntavam. "Quem está aqui?". "Jogadores do Corinthians!", respondeu um jornalista, quase ingênuo.

Com a expressão de dúvida na cara dos turistas, aumentávamos o nível de informação: "Um time de futebol... do Brasil... vieram para o Mundial de Clubes... no Japão....". Nada. Era o mesmo que dizer, no Brasil, que estávamos atrás de uma estrela canadense de curling. Um funcionário do shopping chegou a pedir simpaticamente: "Pode escrever o nome do time pra mim?".

O time experimentou um anonimato que havia muito tempo não sentia, ainda mais depois da festa/tumulto no embarque em Guarulhos. Mesmo na mídia de Dubai, a presença do Corinthians no Emirado passou despercebida. A única menção ao Mundial no *Golf Today*, editado em inglês, era para dizer que o torneio poderia servir para Rafael Benítez, técnico interino do Chelsea, tirar a corda do pescoço. Tinha destaque brasileiro também: Grafite! O Al Ahli (o árabe, com "i") estava confiante na renovação do contrato do ex--atacante são-paulino.

De volta ao shopping, os jornalistas que apostaram nas grandes lojas em vez do aquário ou da vista panorâmica do prédio se deram bem. Aos poucos, os jogadores eram encontrados, em pequenos grupos. E assim que um jornalista encontrava um atleta, chamava os outros colegas, que voavam como num enxame. "O Paulo André está no andar de baixo", gritava um. E todos corriam para o piso inferior em busca do zagueiro, que parava para mostrar o prato que comprou para a mãe, uma colecionadora. Depois foi o tímido goleiro Cássio, que falou pouco e já descia por uma escada rolante enquanto um cameraman pedia para ele fazer um sinal de positivo.

Mas a loja preferida do time foi a Diesel. Lá, Alessandro, Chicão, Anderson Polga e Paulinho olhavam roupas e perguntavam preços com interesse. Chicão ameaçava comprar uma cueca fashion, de cor laranja. Ao perceber a presença dos repórteres na porta, fez apenas um "xiiiii".

Em outro corredor, Martínez e Guerrero também foram abordados. Ninguém deu muita bola para o argentino. Todos só queriam saber do atacante peruano e de sua lesão, único problema que o clube trouxera de São Paulo.

Um treino leve no Emirado

No fim da tarde, a equipe fez um treino leve no CT do Al Nasr. Com a presença de cerca de 50 torcedores, muitos deles brasileiros que trabalhavam em Dubai, os jogadores usaram apenas metade do campo e foram separados em quatro times, misturando titulares e reservas. Só para "tirar o avião do corpo", como diziam.

Na lateral do campo, homens barbudos com turbantes e roupas características falavam com moços de agasalho. Os jovens eram jogadores do time árabe, supostamente orientados por algum dirigente ou algum outro cargo que o deixasse ficar do lado de dentro do campo.

Do outro lado, Guerrero fazia um trabalho isolado: corria em volta do gramado e dava pequenos toques na bola. Antes, no shopping, havia dito que "não sentia mais dores". Sua condição física ainda preocupava um pouco, mas todos acreditavam que havia tempo suficiente para sua recuperação. A estreia do time seria apenas uma semana depois.

À noite, o Corinthians voltou ao avião para a viagem à cidade em que passaria mais tempo: Nagoya.

Chelsea cai na Europa

Enquanto o Corinthians se preparava tranquilamente em Dubai, o Chelsea continuava vivendo dias turbulentos e era eliminado precocemente na Liga dos Campeões. Foi a primeira vez no formato atual do torneio que o campeão da temporada anterior caiu na fase de grupos.

Apesar da goleada por 6 a 1 diante do modesto Nordsjaelland, da Dinamarca, os Blues ainda ficaram em terceiro lugar no Grupo E, que teve a Juventus em primeiro e o surpreendente Shakhtar Donetsk em segundo. O time da Ucrânia terminou na frente do Chelsea pelos critérios de desempate no confronto direto: marcou um gol a mais na casa do adversário direto. A partida era apenas a quarta do técnico espanhol Rafael Benítez, interinamente no comando da equipe londrina, e foi sua primeira vitória.

Depois da eliminação, David Luiz resumiu o sentimento do time: "Havia vergonha e tristeza dentro do vestiário. Ser eliminado ainda na fase de grupos é um grande desapontamento". Antes de viajar ao Japão, a equipe de Londres ainda tinha mais um jogo pelo Campeonato Inglês.

DIA 4

Quinta-feira, 6 de dezembro, Nagoya

Segundo voo, primeiro susto

"Ouvi o barulho. Foi como se estivesse entrando bastante vento, acabei me assustando. Aí você só aperta o cinto, mas sabe que não adianta porque abrindo [a porta] àquela altura, já era." O depoimento do goleiro reserva Júlio César veio com sorrisos, em tom de alívio, bem diferente da experiência vivida a bordo do voo EK 318, da Emirates, que saiu de Dubai com destino a Narita pouco mais de 24 horas depois que o time chegou ao Emirado.

Ainda com pouco mais de meia hora de voo, uma forte turbulência provocou o destravamento de uma porta no segundo andar do avião, exatamente onde estava a delegação corintiana. Uma pequenina fresta se abriu, o suficiente para fazer um forte barulho e assustar vários jogadores, principalmente os que estavam mais próximos da porta, que foram imediatamente removidos para o fundo do avião. "Me assustei. Estava perto da porta, o primeiro a ser arremessado seria eu", comentou mais tarde Ralf.

Curiosamente, os jornalistas presentes no avião só souberam da experiência traumática do time após o pouso. No ar, o barulho ficou limitado à classe executiva do segundo piso. No primeiro andar, a preocupação era outra: o andamento do primeiro jogo do São Paulo contra o Tigre pela final da Sul-Americana, em Buenos Aires. Quem conseguia ativar a internet corria com informações frescas para os outros interessados (ou porque torciam pela equipe do Morumbi ou porque estavam simplesmente secando). Logo, a expulsão de Luis Fabiano provocou a revolta dos são-paulinos: "Tinha que ser ele", "Esse cara não tem cabeça" e "No jogo decisivo ele sempre falha" eram alguns dos irados comentários, acompanhados de singelos xingamentos. Vendo o desespero dos torcedores, a turma do contra apenas fazia graça: "Nunca vi bambi derrubar Tigre", disse um. No fim, o 0 a 0 foi comemorado. "No Morumbi, é caixa."

Pelo sistema de notícias a bordo chegava ainda uma importante notícia do Brasil: a morte do arquiteto Oscar Niemeyer, aos 104 anos.

 **No Japão, a volta da torcida**

No desembarque em Narita, mais de 50 policiais esperavam o time corintiano, número superior ao de torcedores. Explica-se: ao saberem do "mar negro" em Guarulhos, os precavidos japoneses tiveram receio de que algum tumulto pudesse acontecer em seu principal aeroporto e se prepararam para o pior. Não foi necessário.

O time passou rapidamente pelo saguão e cada jogador foi saudado pelos torcedores enquanto outras pessoas, apenas de passagem, tentavam entender o que estava acontecendo. Apesar de pequeno, o grupo era barulhento e vibrava a cada foto ou autógrafo conquistado, sempre ao som de "Vai, Corinthians". Com uniforme do clube, uma moça comemorava várias fotos que conseguiu fazer mesmo sem saber o nome de nenhum jogador. Ao lado, um amigo a ajudava: "Esse é o Paulo André". Até chegar a Nagoya, a delegação tinha mais três horas de viagem pela frente entre ônibus e trem-bala.

Já passavam das 22h quando a equipe chegou ao Hotel Hilton, onde cerca de 200 torcedores a aguardava, alguns com o nível de álcool um pouco acima do desejado. Sempre ao som dos gritos mais ouvidos no Japão nos dez dias seguintes: "Vai, Corinthians".

Apesar dos 5ºC registrados nos termômetros, o clima chegou a esquentar, com troca de empurrões entre seguranças e fãs exaltados. Outro foco de briga aconteceu no meio da própria torcida, que, de acordo com alguns, aborreceu-se com um cambista que tentava vender ingressos. A televisão japonesa registrou com certo espanto toda a movimentação. Mas assim que o time se instalou no hotel, os ânimos foram arrefecidos.

 **A Fifa se rende à tecnologia**

Após anos de discussões em estádios, táxis, elevadores, bares e esquinas de todo o mundo sobre o uso da tecnologia nos jogos de futebol, a Fifa finalmente resolveu adotá-la para ajudar a arbitragem.

Nada de muito radical. O auxílio seria apenas para saber se a bola passou ou não pela linha do gol, discussão que ganhou força na entidade que rege o futebol depois de um gol não validado da Inglaterra contra a Alemanha na Copa do Mundo de 2010. No lance, a bola bateu no travessão e pingou claramente atrás da linha do gol. Seria o gol de empate da Inglaterra, que perdia por 2 a 1 e terminou goleada por 4 a 1. Apesar da inferioridade no duelo, os ingleses sempre lamentam que, caso o gol fosse validado, a história do jogo poderia ser outra. Coincidentemente, Lampard, o homem do não gol inglês, estaria presente no Mundial de Clubes, defendendo o Chelsea.

No Japão, duas empresas dispuseram suas tecnologias para detectar se a bola cruzaria a linha do gol:

1) **GoalRef (Alemanha)** – Um campo magnético é criado atrás da linha do gol e capta quando a bola cruza esse campo, emitindo um alerta para o relógio do juiz.

2) **Hawk-Eye (EUA)** – Sistema parecido com o adotado nos desafios do tênis. Sete câmeras instaladas nas traves geram uma imagem em 3D que identifica se a bola cruzou a linha do gol.

"É uma espécie de revolução. É a primeira vez que este tipo de tecnologia é usada, mas se restringirá à linha do gol. A tecnologia não mudará a velocidade, o valor ou o espírito do jogo. Não há razões para ser contra essa tecnologia. Os árbitros receberam um treinamento completo sobre o sistema e irão testá-lo sempre 90 minutos antes de cada jogo. Baseado nisso, decidirá se ele será ou não usado. Sempre será assim. É o juiz quem toma a decisão final", defendeu Jérôme Valcke, secretário-geral da Fifa, numa entrevista no Hotel Ritz, em Tóquio.

Até o fim do Mundial de Clubes não ocorreu nenhum lance polêmico que precisasse ser resolvido por meio da revisão eletrônica. Ainda assim, a Fifa ficou satisfeita com os testes e resolveu, em fevereiro de 2013, que a tecnologia da linha do gol seria utilizada também na Copa das Confederações de 2013 e na Copa do Mundo de 2014. Além das duas empresas que fizeram os testes em Tóquio, outras poderiam apresentar novos sistemas operacionais.

 Anfitriões confirmam favoritismo

Enquanto o Corinthians ainda se instalava em Nagoya, Sanfrecce Hiroshima, do Japão, e Auckland City, da Nova Zelândia, entravam em campo no Estádio Internacional de Yokohama para a primeira partida do Mundial de Clubes. O vencedor seria o rival do Al Ahly em uma das quartas de final (a que definiria o adversário do Corinthians), e o perdedor se despediria do torneio como o último colocado.

De um lado, o campeão japonês conquistara o título havia duas semanas e chegava embalado. Do outro, o representante da Oceania sofria com a falta de ritmo. Isso porque o campeonato da Nova Zelândia é muito curto, o que torna difícil para o Auckland se manter na ativa o ano inteiro. "O nosso campeonato só tem 14 jogos e a Liga dos Campeões da Oceania foi adiada para abril de 2013", lamentava James Pritchett, lateral que esteve presente nas três participações anteriores dos neozelandeses no Mundial de Clubes – o time ficou em último em duas delas.

Antes do apito inicial, um minuto de silêncio. Foi uma homenagem ao juiz holandês Richard Nieuwenhuizen, 41 anos, que morreu após ser espancado por jogadores juvenis quando atuava como bandeirinha. Na partida Nieuw Sloten x Buitenboys, os juvenis do Nieuw, entre 15 e 16 anos, partiram covardemente para cima de Nieuwenhuizen após o jogo, desferindo vários chutes na cabeça e no abdômen do bandeirinha. O juiz chegou a se levantar e caminhar até a cantina, mas se sentiu mal e foi levado ao hospital, onde morreu. Apenas três adolescentes foram detidos.

Em campo, deu a lógica. Um dos poucos times da liga japonesa sem brasileiros no elenco (mas tem um croata e um sul-coreano), o Sanfrecce dominou o jogo. Apesar disso, a vitória foi apenas por 1 a 0. Na hora da comemoração do gol de Aoyama, jogadores fizeram uma curiosa e divertida imitação de pescaria.

Mesmo sendo o representante do país, o time de Hiroshima não conseguiu encher o estádio, que tem capacidade para 70 mil pessoas e recebeu pouco mais de 25 mil.

PLAYOFF PARA AS QUARTAS DE FINAL

Juiz: Djamel Haimoudi (ALG)

Assistentes: Redouane Achik (MAR) e Abdelhak Etchiali (ALG)

Local: Estádio Internacional de Yokohama

Horário: 19h45

Público: 25.174 pessoas

SANFRECCE HIROSHIMA (JAP) 1	AUCKLAND CITY (NZL) 0
01 Shusaku Nishikawa	12 Tamati Williams
04 Hiroki Mizumoto [A]	03 Takuya Iwata
05 Kazuhiko Chiba	05 Angel Berlanga [A]
06 Toshihiro Aoyama (⚽ 66min)	08 Christopher Bale
07 Koji Morisaki	09 Manel Exposito
➜ 93min: 09 – Naoki Ishihara	➜ 78min: 20 – Emiliano Tade
08 Kazuyuki Morisaki	11 Daniel Koprivcic
11 Hisato Sato (C)	➜ 67min: 10 – Luis Corrales
14 Mihael Mikic	13 Alex Feneridis
➜ 82min: 02 – Hwang Seokho	14 Adam Dickinson
15 Yojiro Takahagi	15 Ivan Vicelich (C)
24 Ryota Moriwaki	16 Albert Riera [A]
27 Kohei Shimizu	22 Andrew Milne
T.: Hajime Moriyasu	T.: Ramon Tribulietx

(C) - Capitão   [A] - Amarelo   [v] - Vermelho

ESTATÍSTICAS

16	⟶ Chutes	⟶	7
9	⟶ Chutes no gol	⟶	2
15	⟶ Faltas	⟶	23
11	⟶ Escanteios	⟶	1
2	⟶ Impedimentos	⟶	0
59%	⟶ Posse de bola	⟶	41%

DIA 5

Sexta-feira, 7 de dezembro, Nagoya

 Kariya, a base

Finalmente o Corinthians começava a entrar no clima do Mundial, literalmente. Numa manhã fria, um sol enganador era companheiro fiel da delegação, que faria seu primeiro treino às 11h, no estádio Wave, em Kariya.

Na mesma Província de Aichi, a pequena cidade fica a 32 km de Nagoya, ou cerca de 50 minutos, algo como a distância de São Paulo a Alphaville.

Para chegar até lá sem carro, o torcedor teria que optar pelo integrado e intrincado sistema japonês de metrô e trem. Com várias linhas que se intercalam, dá para viajar por toda a cidade usando o transporte público... para quem sabe usá-lo. Muitas das sinalizações e mapas dentro da estação são escritos apenas com ideogramas orientais. Às vezes, são necessárias até quatro baldeações para chegar ao local pretendido. E para cada estação, um valor diferente no bilhete.

Outro fator completava um cenário desfavorável à locomoção de torcedores e profissionais em Nagoya: a língua. Assim como os brasileiros responsáveis pelo time do Corinthians não falavam japonês, os moradores não falavam português. Pior, a maioria mal falava inglês, a língua universal dos turistas. Aliás, às vezes era mais fácil achar um brasileiro decasségui (que se fixa no país a trabalho) do que alguém que falasse inglês.

Para compensar, logo no primeiro dia no país já era possível perceber uma louvável qualidade nos japoneses. Todos eram extremamente prestativos e faziam de tudo para ajudar. Alguns saíam do caminho para mostrar a direção correta dentro da estação. Outros ajudavam a comprar o bilhete (a maioria usa máquinas espalhadas na estação para comprar os tíquetes no lugar das bilheterias convencionais com funcionários).

Algumas dezenas de torcedores observavam o treino do Corinthians em Kariya por um portão – só a imprensa tinha acesso ao interior do estádio. Muitos eram brasileiros que moravam nas cercanias de Nagoya.

Na entrada principal, um japonês devidamente credenciado pela Fifa pedia a cada jornalista que preenchesse uma lista com seu nome e o veículo que representava. Mas alguns torcedores mais ousados se apresentavam como profissionais e preenchiam qualquer coisa na lista do ingênuo funcionário.

O acanhado estádio para menos de 3.000 espectadores tinha uma pista de atletismo em volta e era pouco usado para futebol, tanto que funcionários ainda davam os últimos retoques para receber o time brasileiro, como ajustar as traves e acertar as marcações no gramado, além de escrever uma saudação no placar eletrônico: "Welcome Corinthians".

No treino, Paolo Guerrero se movimentava melhor e dava sinais de que seu joelho não seria problema para a estreia do time. Assim, o grande destaque da atividade foi a bola. O Mundial de Clubes seria disputado com a Cafusa.

Anunciada por Cafu no começo do mês como a bola oficial da Copa das Confederações, a Cafusa ficará na história apenas como um dos equivocados nomes escolhidos para produtos até o Mundial do Brasil. A alcunha seria uma mistura de Carnaval, futebol e samba (sim, carnaval e samba, por mais que possa parecer redundantes, batizavam a bola).

Na verdade, o time do Corinthians teve contato com a bola ainda em Dubai. E a Cafusa também já tinha sido usada na abertura do Mundial de Clubes, na partida entre Sanfrecce e Auckland. Mas o detalhe passou despercebido pela imprensa brasileira. Agora, na falta de qualquer notícia mais interessante para divulgar do treino e com a recuperação de Guerrero bem encaminhada, a Cafusa virou destaque da imprensa. Para os jornalistas, a relativa calma nos treinos era quase ruim. Não tinha notícia.

 **Primeira entrevista da Fifa, com Tite e Emerson**

No hotel ao lado da estação central de Nagoya, a Fifa organizou a primeira entrevista coletiva para a imprensa internacional com o Corinthians. Além da presença brasileira em peso e dos jornalistas japoneses, poucos profissionais de outros países estavam no local. Tite e Emerson foram escolhidos para representar a equipe.

De um lado, Tite falava no melhor estilo "titês", pausadamente, fazendo vários sinais com as mãos e por vezes alterando o tom de voz, mas sempre com boas ponderações e inteligência para não cair em nenhuma polêmica e empurrar o favoritismo para longe de seu time. Do outro, Emerson exaltava o povo japonês ao lembrar de sua passagem pelo futebol no país, bem antes de virar "Sheik".

Os principais pontos da entrevista:

Tite, sobre o fantasma Mazembe:
"Todos os jogos. Todas as semifinais na história do Mundial têm se mostrado difíceis. A gente sabe que está cercado de muita

expectativa. A margem de erro é muito pequena. Eu não acredito muito que resultados anteriores determinem favoritismo. Eu acredito é na força da equipe.

A qualidade dos atletas pesa. Nós sabemos da nossa força, da nossa responsabilidade. A gente veio para buscar a final, mas sabe também que esse primeiro jogo tem um caráter decisivo. Nós não acreditamos em favoritismo, não. Acreditamos na capacidade técnica através de uma preparação bem feita".

O africano Mazembe surpreendentemente eliminou o Inter em 2010, numa vitória por 2 a 0, e se transformou no primeiro time fora da Europa ou da América do Sul a chegar à final do Mundial de Clubes. Na decisão, foi derrotado pela Inter de Milão e ficou com o vice-campeonato.

Emerson, sobre a experiência no Japão:
"Eu sempre falo com muito carinho do povo japonês. Aqui eu morei seis anos, aqui eu vi meus filhos crescerem. Cresci muito aqui como pessoa, como ser humano. Sempre fui muito determinado na minha profissão e busquei o melhor pra mim. O povo japonês me ensinou muito mais do que eu imaginava e eu cresci como atleta. Minha gratidão pelas pessoas desse país é eterna e eu falo também em nome da minha família. E alguma coisa eu vou poder passar para os atletas, mas não muito porque o grupo de jogadores aqui é experiente, de alto nível... mais culturalmente mesmo".

Tite, sobre o rival mais difícil:
"Não existe preferência. Existe preparo. Nós acompanhamos o Hiroshima. Sabemos e vamos acompanhar o jogo contra o Ahly. As

características da equipe, a qualidade que tem. Os valores individuais, o sistema. Enfim, tudo aquilo de informação que é fundamental. Esse acompanhamento já vem sendo feito. Ontem, quando estávamos vindo para cá, já buscávamos o resultado do outro jogo, em que acabou vencendo o Hiroshima por 1 a 0 [contra o Auckland]. Então nós temos esse acompanhamento, mas não tem preferência. Tem preparação. E nós estamos nos preparando para qualquer que seja o adversário".

Tite, sobre má fase do Chelsea:
"Eu não vejo [favoritismo] em jogos que são decisivos, com 90, 180 minutos.... o fator de ser favorito fica diminuído. Se fosse um campeonato de pontos corridos, com dez jogos ida e volta, aí teria algum favoritismo maior. Esses jogos mata-mata têm um componente muito especial, muito específico, então não vejo muito favoritismo".

Tite, sobre o Al Ahly:
"Eu acompanhei os dois jogos quando o Internacional foi campeão mundial [em 2006]... fez uma semifinal contra o Ahly muito difícil. Teve o jogo empatado para depois vencer por 2 a 1. Sabemos da maturidade dessa equipe, que pegou o Esperánce e jogou de forma natural em casa e fora, e por isso classificou, jogando na Tunísia com naturalidade [referência à final da Liga dos Campeões africana, que levou os árabes ao Japão]. [O Ahly] Não sente o peso maior nessa competição. Não há favoritismo nem em relação ao Chelsea nem em relação ao Corinthians nem em relação a Ahly. Não existe favoritismo".

Emerson, sobre a Cafusa:
"Todo ano a bola muda. Acho que é questão de adaptação. Talvez agora a gente não tenha tido tanto tempo para se adaptar a essa bola, mas eu particularmente não vi tanta diferença, não. Temos ainda mais uma semana para treinar com ela, mais alguns dias. Todo ano a bola muda, às vezes muda duas, três vezes. É questão de se adaptar mesmo".

Tite, sobre o que o Corinthians poderia mostrar no Mundial:
"Eu conversei com vocês da imprensa brasileira, e dizia, e falei para os atletas antes da preparação específica para o Mundial. Eram jogos importantes, um clássico importante. E eu não sabia, mas imaginava que fôssemos perder um jogo. Não queria que fosse para o São Paulo porque era um clássico. Mas era bom perder um jogo justamente para não ter um excesso de euforia. E tem que sentir, tem que perder... Perder humaniza às vezes. Temos que estar no nosso melhor individualmente, coletivamente, aspecto tático, aspecto mental muito forte. E temos o carinho do torcedor. Eu vou pegar o gancho para dizer que a minha grande missão enquanto técnico é que nossa equipe mostre a nossa cara. Que a equipe mostre a cara que nos trouxe aqui. Vencer ou não vai ser uma consequência do jogo".

Emerson, novamente sobre a experiência no Japão:
"Quando eu falo da minha gratidão pelos japoneses é exatamente por isso. Eu morava numa favela no Rio de Janeiro, tive uma passagem rápida por São Paulo, onde fiz toda a minha base, e vim cedo para cá. E minha mãe trabalhava... ficávamos em casa, sozinhos, numa favela, éramos em três irmãos. É complicado, né? E toda a minha educação eu tive aqui com o povo japonês. Respeito também eu aprendi aqui, além do lado profissional. Então eu acho que muito mais por isso do que minha passagem aqui como atleta, eu aprendi sobre educação, respeito ao próximo... Nisso, os japoneses são professores. Minha maior conquista aqui no Japão é essa".

Tite, sobre a tecnologia:
"Sou a favor da tecnologia, sim. Mas antes da tecnologia sou a favor da justiça, da correção".

Compras e novo susto... a distância

Depois do treino, almoço sem sushi ou sashimi. A nutricionista Christine Neves conseguiu ingredientes no Japão sem muitas dificuldades e montou um cardápio bem ao gosto dos atletas, com arroz, feijão, carne, frango e berinjela à parmegiana, tudo com o toque especial do chef Jaime Maciel, o mesmo da CBF.

Alguns jogadores, como Paulo André, ainda sentiam os efeitos do fuso horário, agora de 11 horas em relação a São Paulo. E para evitar que os atletas dormissem à tarde novamente, eles foram levados às compras – aparentemente roupas de marca e eletrônicos funcionam como adrenalina para os boleiros.

Quando os jogadores já estavam no shopping, alguns começaram a receber pelos celulares preocupadas mensagens de parentes e amigos no Brasil. Queriam saber se estavam bem depois do terremoto. "Esse tremor foi aqui? Não senti nada", respondeu Jorge Henrique ao ser perguntado sobre o abalo sísmico. Assim que voltou ao hotel, Paulo André tratou de usar o Twitter para tranquilizar fãs e amigos: "Bom dia, Brasil. Acabei de chegar ao hotel. Fiquei sabendo do terremoto aqui no Japão, mas não senti nada... Ainda bem".

Outro que teve passagem pelo futebol japonês, Danilo foi dos poucos a sentir um tremor. "Sempre tem. Às vezes, tem uns mais fortes", comentou no seu estilo matuto.

Na verdade, o terremoto ocorreu a mais de 500 km de Nagoya, na costa nordeste do país, e foi forte: 7,3 na escala Richter. Apesar de não causar maiores danos desta vez, o tremor lembrou aos japoneses a tragédia de março de 2011, quando um terremoto seguido por tsunami provocou cerca de 20 mil mortes e uma crise nuclear na usina de Fukushima.

O abalo sísmico foi exatamente na mesma região e chegou a causar ondas de 1 m na costa da cidade de Ishinomaki, parcialmente destruída pelo tsunami de 2011. Em várias cidades, inclusive em Fukushima, pessoas correram imediatamente para lugares altos com medo de novo tsunami. Apesar da magnitude, poucas pessoas tiveram ferimentos leves, provocados geralmente pela queda de objetos. Para felicidade geral, foi só um grande susto.

Terry é cortado do Chelsea

Eliminado da Liga dos Campeões, em queda livre no Campeonato Inglês e com a torcida assumidamente em pé de guerra com o técnico recém-contratado, Rafa Benítez. Não bastasse tudo isso, o Chelsea anunciava oficialmente o corte do zagueiro John Terry, capitão e um dos líderes da equipe.

"O Terry não vai viajar com a gente pois essa não será a melhor solução para ele. Ele não vai para o Japão", sentenciou Benítez numa coletiva em Londres. O zagueiro machucou o joelho direito em novembro, no empate por 1 a 1 com o Liverpool. Os Blues ainda tinham um jogo para fazer no Campeonato Inglês, na tarde de sábado, antes da viagem para Yokohama.

DIA 6

Sábado, 8 de dezembro, Nagoya

Encontro com a massa

Em Kariya, o Corinthians tinha um encontro marcado com sua torcida pela manhã. O treino da equipe seria com portões abertos pela primeira e única vez durante a preparação, e os fãs não decepcionaram. Cerca de 700 torcedores compareceram, espalharam faixas nas arquibancadas e gritaram o tempo todo ao som de batucada, numa manhã com sol, apesar dos 7°C de temperatura.

O dia não foi escolhido a esmo pela comissão técnica. Ainda no Brasil, Tite já havia avisado que o terceiro dia no Japão (o time aterrissou em Narita na quinta à noite) seria o pior para os treinamentos. Os efeitos do fuso seriam mais presentes e a concentração dos jogadores tem seu pior estágio. Assim, nada melhor que uma nova carga de energia vinda das arquibancadas.

No gramado, o time treinou em campo reduzido e fez uma atividade de ataque contra defesa, enquanto a torcida festejava principalmente os nomes de Romarinho e Emerson. Entre os torcedores presentes no estádio Wave, a maioria era formada por brasileiros residentes em Nagoya mesmo, que integravam a facção da Gaviões da Fiel na cidade japonesa, mas era possível ver faixas também de Tucuruvi, Inajar e Vila Mazzei.

Alguns jornalistas tratavam o caso com o jeitinho brasileiro, a torcida do Corinthians quebrando protocolos e invadindo o estádio para fazer festa. Mas o gerente de futebol Edu Gaspar tratou de diminuir o ímpeto dos pró-invasores, dizendo que tudo foi feito com aval da Fifa e do comitê organizador da competição.

"Tivemos uma reunião com o comitê e falei para eles da necessidade de organizar algo para os nossos torcedores. E eles já tinham visto como foi nossa saída no Brasil e nos parabenizaram pela torcida. Falei para eles e com a comissão técnica também que eu queria abrir um treino, seria bacana tanto para os atletas quanto para os torcedores. O pessoal vem de tão longe ter contato só no jogo... Então o treino era um prêmio para eles. Mas tive que mandar comunicado para a Fifa e para o comitê organizador. Se a gente não informasse antes, o treino não aconteceria."

A movimentação ainda trazia uma boa notícia para a torcida: Guerrero parecia completamente recuperado da contusão no joelho após apelar até para infiltrações.

"Vale tudo. Quando um jogador tem objetivos pode fazer tudo. Não foi a primeira vez que fiz uma infiltração. Já joguei assim pela seleção peruana."

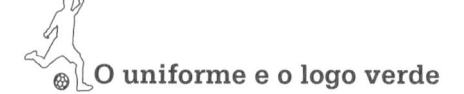

O uniforme e o logo verde

Organizadora do evento, a Fifa estipulou que todas as equipes do Mundial de Clubes usassem dois escudos na manga da camisa, um de cada lado, além do patrocinador principal no peito.

Um deles levava a logomarca da Fifa. O outro fazia referência ao projeto social Football For Hope, também ligado à entidade que rege o futebol. Criado em 2005, o projeto apoia programas que combinam futebol e desenvolvimento social, não ligados a organizações governamentais, em várias partes do mundo. Só um problema simples no segundo caso: o tal logo é verde.

"Quando soube, mandei um e-mail muito educado à Fifa, explicando que a cor remete ao nosso principal rival [Palmeiras]. E perguntei se não tinham outra versão, estilizada, em preto e branco ou outra cor", comentou Edu Gaspar. Educadamente, a Fifa disse não.

Mais tarde, o presidente Mário Gobbi classificou como tola a repercussão do logo verde. "Quer dizer que quem não for corintiano não pode usar uma gravata preta? E quem for não pode comer comida verde? Isso é ridículo." Mesmo assim, o Corinthians alimentou a polêmica soltando um comunicado oficial sobre o tal logo verde: "A direção do Sport Club Corinthians Paulista explica que tentou por diversas vezes mudar o brasão da Fifa para, assim, evitar a cor do maior rival durante o Mundial de Clubes. Entretanto, o uso de tal equipamento é obrigatório a todos os times do evento. Mesmo tendo insistido junto à entidade para não usar, a Fifa negou seguidamente a possibilidade de qualquer time disputar a competição sem tal ornamento".

Ainda sobre o uniforme, o repórter Vitor Guedes, do *Agora*, descobriu que Edu Gaspar foi também o designer do fardamento de viagem do time. "Eu não queria que os atletas viajassem de terno, de blazer, de agasalho. Falei com o presidente [Mário Gobbi] que gostaria que usassem um traje mais esporte-fino, com uma malha bacana. Não queria que eles fossem de camisa, porque depois de muitas horas de voo amarrota. Encontrei uma designer, expliquei o que queria. Ela desenhou, me apresentou. Fizemos alguns ajustes e deu certo. Ficaram bem vestidos, né?"

Finalmente, o Chelsea se despede da Inglaterra

Enquanto o Corinthians seguia à risca o planejamento para não sentir os efeitos do fuso em Nagoya, o Chelsea ainda tinha como maior preocupação, talvez única, o Campeonato Inglês. E nem dá para dizer que o time de Londres seria tão mais favorecido em relação ao horário japonês. Se o fuso em relação a São Paulo era de 11 horas de diferença, em relação à capital inglesa, a diferença não era muito melhor: nove horas.

Às 15h, em Sunderland, o time entrava em campo para tentar sua primeira vitória na Premier League sob o comando de Rafa Benítez. No Japão, já era meia-noite quando o jogo começou, sem transmissão nos canais disponíveis na maioria dos hotéis.

Perto da estação Kanayama, um pub exibia o jogo, válido pela 16ª rodada. Pela presença do time no Mundial de Clubes, poderia se imaginar que o bar estaria cheio de pessoas atentas ao futebol da equipe inglesa e aos craques que logo estariam no país. Ledo engano. Com apenas três mesas ocupadas por jovens casais, o jogo era completamente ignorado. Pelo horário já adentrando a madrugada, a cozinha recolhia os últimos pedidos de comes. Para beber, ainda dava para ficar até o fim do jogo.

Em campo, o Chelsea parecia com pressa de resolver o jogo logo. Torres fez 1 a 0 no começo da partida e voltou a marcar no primeiro tempo. Na segunda etapa, Juan Mata anotou o terceiro antes do Sunderland fazer o gol de honra. O 3 a 1 era a primeira vitória dos Blues desde a oitava rodada, o suficiente para manter o time na terceira posição, atrás da dupla de Manchester (United em primeiro lugar e City em segundo).

No entanto, Rafa Benítez ganhou mais um problema. Ainda no primeiro tempo, o volante espanhol Oriol Romeu sofreu uma grave lesão no joelho direito e, a exemplo de Terry, nem viajou para o Japão.

DIA 7

Domingo, 9 de dezembro, Nagoya

Torneio não conquista Nagoya

Representantes do México, da Coreia do Sul, do Japão e do Egito jogariam nesse dia em Toyota, cidade próxima a Nagoya na mesma Província de Aichi. Além disso, o Corinthians estava hospedado no local. Ou seja, com exceção do Chelsea, todos os times do Mundial de Clubes estavam na região. E Nagoya continuava não dando a mínima para o torneio da Fifa, como se ele acontecesse num mundo paralelo. A exceção era apenas na porta do Hotel Hilton, onde sempre era possível encontrar alguns corintianos em busca de fotos ou autógrafos (a torcida estava majoritariamente hospedada em Tóquio, aguardando o dia do jogo).

Não se trata de despeito dos japoneses. Mas havia muita falta de informação. Nos principais centros comerciais de Nagoya, assim como nos cafés, restaurantes e estações de metrô, ninguém sabia do Mundial de Clubes ou do Corinthians. Conheciam apenas o Chelsea. "É que a Premier League passa aqui", desculpou-se cordialmente um japonês que trabalhava numa loja exatamente ao lado do hotel do time brasileiro, do qual nunca tinha ouvido falar. Mas ficou animado. "Vou torcer pelo Brasil".

A Fifa também não ajudava muito com a comunicação visual. A postura da entidade era bem diferente, por exemplo, da Uefa, que organiza a Liga dos Campeões. Em Munique, na final da última edição, qualquer pessoa já sabia do torneio na saída do aeroporto, cuja porta giratória trazia uma propaganda da competição. Estações de metrô e pontos importantes da cidade também tinham divulgação paga. Sem falar no parque olímpico, que trazia uma feira dedicada ao evento, com direito a museu interativo sobre a história do torneio. Em Nagoya, nem no metrô cheio de anunciantes havia espaço para o Mundial de Clubes.

Para não dizer que a ação da Fifa foi nula, duas mocinhas distribuíam um jornalzinho gratuito de quatro páginas na porta do hotel em que a entidade fazia o credenciamento da imprensa e oferecia transporte até o estádio de Toyota, mas apenas no dia das quartas de final.

Nos jornais, a parte esportiva era dedicada quase que exclusivamente ao beisebol, modalidade mais popular do país. Quando falam de futebol, Messi em particular e o futebol europeu de modo geral eram os preferidos.

Na TV, as reportagens sobre o Mundial também eram ocasionais e secundárias até então. Na noite anterior, o programa "Going", na Nippon Television, parecia uma mistura de mesa-redonda com "CQC". Em reportagens que misturavam alguma informação com humor (pelo menos na edição, já que não dava para entender uma palavra), o Corinthians foi o terceiro destaque, atrás do local Sunfrecce e de Iwata, lateral japonês que "traiu a pátria" ao jogar pelo Auckland. Do alvinegro, o principal destaque foi Emerson, mostrando gols do atacante nos tempos da J-League. A cada matéria, enquanto os comentaristas faziam caretas, a bela e jovem japonesa da bancada dava uma risadinha: "hihihi".

O clima das quartas de final

Em Toyota fazia frio. Muito frio. E a sensação térmica era ainda pior em um estádio aberto. A máxima no dia era de 6ºC na cidade.

No começo da tarde, vários jornalistas brasileiros já estavam no estádio para acompanhar as duas quartas de final. A primeira, entre o coreano Ulsan e o mexicano Monterrey, definiria o rival do Chelsea. A segunda, mais aguardada, reunia o representante japonês Sanfrecce Hiroshima e o egípcio Al Ahly.

Com tantas nações em campo, aparentemente a tribuna reservada para a imprensa seria muito concorrida, e os brasileiros precisaram entrar numa lista de espera para aguardar uma bancada individual no estádio, cuja prioridade era dos repórteres dos países que jogariam. Em pouco tempo, porém, foi possível notar que o resto do mundo não dava exatamente a mesma atenção ao torneio quanto o Brasil. Mexicanos, sul-coreanos e egípcios compareceram em número reduzido e os japoneses não eram suficientes para lotar o espaço, para sorte dos brasileiros, todos devidamente acomodados.

Bem antes das 16h, horário do primeiro jogo, o circo da Fifa já estava montado na frente do estádio. Em uma área, um DJ se encarregava da música alta e com poucos adeptos. Em frente, torcedores formavam fila em um stand com réplicas dos troféus dos campeões continentais. No fim, o grande prêmio: fotos ao lado da taça original do Mundial de Clubes, guardada numa cúpula de acrílico.

No stand com produtos oficiais à venda, o Chelsea saía na frente. Entre os produtos oferecidos, como echarpes, canetas e broches dos sete times do torneio, além de uma camiseta do evento de gosto duvidoso e bolas em miniatura, os mimos com o escudo do time inglês eram os mais procurados. Depois dele, Sanfrecce e Monterrey completavam o pódio. O adereço mais vendido era uma echarpe dos Blues, por 2.000 ienes (cerca de R$ 50). Durante uma meia hora de observação, só duas peças do Corinthians foram vendidas... para a mesma pessoa, um brasileiro. Nas tendas, nem bando de loucos nem hooligans. A maioria dos visitantes eram japoneses.

Para completar a Fan Fest na porta do estádio, várias barracas de petiscos continentais devidamente autorizadas pela Fifa. Aparentemente, a entidade não tem nada contra ambulantes que vendem comida na porta do estádio, desde que ela mesma organize... e também fature. Cada barraca fazia menção a um país ou continente presente na competição, como os tacos mexicanos (500 ienes), ou o steak com batata à moda neozelandesa (600 ienes). Mas o campeão na preferência do torcedor era o bom e velho espetinho, cortesia da baixa gastronomia brasileira. Por 500 ienes (cerca de R$ 12) era possível encontrar o quitute nas opções carne ou frango, acompanhado de farofa.

Faltando meia hora para começar o jogo, havia ingressos na bilheteria para todos os setores sem dificuldade ou filas. A essa altura, os termômetros em Toyota já marcavam 2°C.

Classificados sob a neve

Na primeira partida, o campeão da Concacaf passeou contra o campeão da federação asiática. Com toques rápidos, o Monterrey colocou o Ulsan Hyundai na roda, em Toyota. Várias vezes os atacantes do time mexicano ficaram na frente do goleiro sul-coreano e o time não teve dificuldade para construir a vitória por 3 a 1, com um gol de Corona e dois de Delgado. Lee descontou no final graças a um frango clássico do mexicano Orozco, talvez por culpa do frio intenso.

Menos da metade do estádio estava ocupada. E a maioria dos que foram agiam quase como observadores. Algumas centenas de mexicanos e sul-coreanos, aparentemente, menos de mil de cada equipe, ainda tentavam fazer barulho, quesito facilitado pelo silêncio dos neutros japoneses.

Após a partida, repórteres se dirigiram para a zona mista, nome dado ao cercadinho que separa jogadores e repórteres no caminho entre o vestiário e a saída do estádio e por onde todos os atletas são obrigados a passar. Atacante do Ulsan, Rafinha se tornou a improvável estrela quando passou pela área. O brasileiro que quase não tocou na bola e não deu nenhum chute a gol admitiu a superioridade do rival ("tomamos um chocolate do início ao fim") e sua torcida pelo Corinthians, mas de casa. Rafinha queria voltar logo ao Brasil para ver seu primeiro filho, Enzo, com dez dias de vida.

Na entrevista coletiva, o técnico Victor Vucetich confirmou uma baixa inesperada no Monterrey. Com distensão, o atacante chileno Suazo nem foi a campo e acabou cortado. "Suazo está descartado para o resto do torneio. Precisa voltar [ao México] para começar o tratamento. Ele é uma referência para nossa equipe, tem capacidade de fazer gols e fará falta contra o Chelsea", declarou Vucetich após a classificação para a semifinal. Era o segundo desfalque dos mexicanos, que também já tinham perdido De la Peña.

A neve que caía no fim do primeiro jogo deu uma pequena trégua no começo de Al Ahly × Sanfrecce, partida que definiria o rival do Corinthians. Em campo, equilíbrio. Heptacampeão africano, o egípcio Al Ahly começou melhor e abriu o placar logo aos 15min. Com velocidade e toques rápidos, o Sanfrecce passou a dominar o jogo, empatou e desperdiçou seguidas chances de virar a partida.

Nas arquibancadas, talvez pouco mais de mil torcedores muito bem organizados do Sanfrecce cantavam incessantemente. Não pararam nem quando o experiente Aboutrika marcou um gol no começo do segundo tempo, momento em que a neve voltava a dar as caras. Abusando da pontaria ruim, o Sanfrecce não conseguiu nova igualdade e, assim que o juiz apitou o final do jogo, a torcida se calou. No lado oposto das arquibancadas do estádio Toyota, alguns poucos torcedores do Al Ahly vibravam sem camisa, possivelmente aquecidos por doses de saquê.

Os "turistas" japoneses no estádio até simpatizavam com o time de Hiroshima, mas sem empolgação. Normalmente, quem manda os jogos no estádio Toyota é o Nagoya Grampus, equipe que fez campanha mediana na J-League e terminou apenas na sétima colocação, bem atrás do Sanfrecce, que conquistou seu primeiro título. O público anunciado passava de 27 mil, mas visualmente era bem menor. Muitos dos que estavam presentes no primeiro jogo já haviam ido embora, como os mexicanos.

Enquanto isso, na tribuna de imprensa, os intrépidos brasileiros que fizeram questão de uma bancada davam sinais de arrependimento. Motivo: o frio. Alguns viam a neve pela primeira vez e se dividiam entre aguentar a friagem e testemunhar o belo espetáculo de um jogo sob a neve ou se refugiar na quentinha sala de imprensa nas dependências do estádio.

Quem mais sofria eram as turmas do on-line e de veículos impressos que, ao contrário do pessoal da TV e do rádio, tinham que tirar as luvas para digitar. E a sensação térmica abaixo de zero (-2ºC para ser mais preciso) quase congelava as articulações.

Acostumados às baixas temperaturas, os japoneses da organização do jogo tinham um antídoto, que era distribuído gratuitamente: uma espécie de bolsa térmica. Tratava-se de uma pequena embalagem, semelhante a um saco de chá, mas quase do tamanho de uma mão, que após muita fricção gerava calor. Brasileiros pegavam os saquinhos aos montes e os usavam como ombreiras ou até palmilhas para os pés. O segredo, disseram, era esquentar as extremidades.

Chelsea vê o Japão por cima

Assim que derrotaram o Sunderland, na madrugada japonesa, o Chelsea não teve tempo nem para voltar a Londres. De Sunderland, a delegação foi ao aeroporto de maior porte mais próximo, em Newcastle, de onde voou para o Aeroporto Internacional de Narita. Em solo japonês, o time foi recebido por vários fotógrafos e repórteres, em número superior aos que cobriram o desembarque corintiano. E, dessa vez, as pessoas de passagem pelo aeroporto sabiam quem estava chegando (talvez não exatamente por quê).

Já em Yokohama, o Chelsea estava por cima... literalmente. A delegação se hospedou no Royal Park, localizado na Yokohama Landmark Tower, o hotel mais alto do Japão.

Com cerca de 296 m de altura, a torre no moderno bairro de Minato Mirai é o 59º edifício mais alto do mundo. Aliás, os asiáticos devem ter mania de grandeza, principalmente nos países do mundo árabe. Dos prédios mais altos, dois terços ficam na Ásia. No 69º dos 70 andares, um observatório oferece uma bela vista de 360° tanto para a cidade quanto para a região costeira de Tóquio. Seu acesso se dá por um elevador que sobe 750 m por segundo. O complexo também reúne uma supergaleria com lojas de grife, cafés e restaurantes, como Tiffany's, Godiva e a tradicional doceria Fugetsudo.

Pelo Twitter, jogadores como Juan Mata e David Luiz postavam mensagens para mostrar que já estavam instalados. "Yokohama, cidade incrível", escreveu o brasileiro, meia hora após o check-in.

Corinthians enfrenta o frio

Desde o treino de manhã em Kariya o frio era intenso (1°C). Tite testou a suposta formação titular da semifinal, com Guerrero plenamente recuperado. A ideia era que toda a delegação acompanhasse à noite o jogo entre Sanfrecce e Al Ahly in loco, mas alguns atletas sucumbiram às baixas temperaturas e preferiram ficar no hotel. Outros abnegados seguiram para o estádio Toyota e se surpreenderam com a quantidade de neve durante as quartas de final. "Nunca tinha tido a oportunidade nem de ver [a neve]", confessou o volante Ralf.

Depois da partida que definiu os egípcios como rivais, a delegação voltou ao Hilton, onde Tite faria uma explanação sobre o adversário para os sedentos jornalistas brasileiros, já perto da meia-noite. Mais uma vez, o treinador ressaltou o equilíbrio da competição, mas reconheceu, bem ao seu estilo, que a obrigação de vitória era do Corinthians.

Sobre o torneio:
"Tento não ser falso humilde nem ter soberba. Vou traduzir isso: se fosse o Barcelona no estádio em que estava quando enfrentou o Santos, ia ser muito difícil para qualquer equipe. Naquele estágio tinha que fazer um jogo extraordinário para bater o Barcelona. Agora as equipes chegam ao Mundial com um equilíbrio maior de forças. Hoje eu vi o Sanfrecce jogar de uma maneira muito tranquila, muito igual, e tendo volume de jogo e triangulações que talvez pudessem lhe permitir empatar ou até vencer o jogo. Então esse equilíbrio maior de forças é a realidade do momento. A responsabilidade, esse favoritismo, é verdade que é de Corinthians e Chelsea. Daí a traduzir em título é outra coisa. Tem que trabalhar em cima disso, não dá para fazer o segundo passo sem fazer o primeiro. É preciso traduzir isso em campo".

Sobre o Al Ahly:
"O Ahly teve o início melhor nos dois tempos de jogo. Transformou em gol a sua superioridade. É um time experiente, a bola não queima no pé do cara. Ele segura, dá dois tempos, dá três tempos se for necessário. É um time com jogadores fortes e boa qualidade individual, boa antecipação. Uma linha de quatro bem posicionada. Traduzindo: os quatro jogadores se posicionam bem e fazem coberturas bem feitas. Tem velocidade do lado esquerdo com Soliman, tem a passagem como foi no primeiro gol, do lateral, pelo lado direito. O Aboutrika é um jogador que reprograma a jogada, jogador inteligente, armador. Traduzindo: se for na pelada, bota a bola nele que ele vai saber organizar a equipe".

As entrevistas no hotel normalmente seguiam uma certa lógica. Quando dois jogadores falavam, um dava a entrevista para o pessoal da TV, com câmeras posicionadas apontando para uma bancada. Ao mesmo tempo, jornalistas de rádio, jornal e internet se amontoavam no canto oposto da sala, onde o outro entrevistado era cercado por gravadores, sentado numa poltrona. Quando um só falava, como era o caso agora, com Tite, a TV tinha prioridade e a turma das outras mídias esperava no seu cantinho oposto.

A vantagem é que, invariavelmente após a última entrevista, tinha um período com uma conversa mais descontraída, em off (ou seja, para não ser publicada). E Tite parecia com vontade de falar com os jornalistas brasileiros, acostumados a acompanhá-lo no ano inteiro.

Já com microfones desligados, o treinador corintiano confessou em tom descontraído. "Antes do jogo, preferia enfrentar o Sanfrecce, mas durante a partida, quando vi a correria e o toque de bola do time, com aquele número 6 [o veloz Aoyama], mudei de ideia", brincou. O treinador dizia que a cadencia do Ahly combinaria melhor com o estilo também de toque mais lento dos corintianos. A sorte estava do seu lado.

QUARTAS DE FINAL
JOGO 1

Juiz: Cuneyt Cakir (TUR)
Assistentes: Bahattin Duran (TUR) e Tarik Ongun (TUR)
Local: Estádio de Toyota
Horário: 16h
Público: 20.353 pessoas

ULSAN HYUNDAI (COR) — 1

01	Kim Youngkwang
02	Lee Yong
05	Kwak Taehwi (C)
08	Lee Ho
09	Kim Shinwook [A]
	→ 78min: 10 – Maranhão
11	Lee Keunho (⚽ 88min)
13	Kim Seung Yong
	→ 71min: 7 – Ko Changhyun
14	Kim Youngsam
	→ 56min: 3 – Lee Jae-sung
15	Rafinha
20	Juan Estiven Velez
28	Kim Chigon

T.: Kim Ho Gon

MONTERREY (MEX) — 3

01	Orozco [A]
02	Meza [A]
05	Chavez [A]
09	De Nigris
11	Ayovi
14	Jesus Corona (⚽ 9min)
	→ 90min: 13 – Carreno
15	Basanta (C)
18	Cardozo
	→ 90min: 6 – Morales
19	Delgado (⚽ 77min, 84min)
	→ 90min: 7 – Edgar Solis
21	Mier
24	Sergio Perez

T.: Victor Vucetich

(C) - Capitão [A] - Amarelo [v] - Vermelho

ESTATÍSTICAS

3	Chutes	16
1	Chutes no gol	10
21	Faltas	21
1	Escanteios	5
0	Impedimentos	1
41%	Posse de bola	59%

QUARTAS DE FINAL – JOGO 2

Juiz: Carlos Vera (EQU)
Assistentes: Christian Lescano (EQU) e Byron Romero (EQU)
Local: Estádio de Toyota
Horário: 19h30
Público: 27.314 pessoas

SANFRECCE HIROSHIMA (JAP) 1		AL AHLY (EGI) 2	
01	Shusaku Nishikawa	01	Sherif Ekramy
	➤ 8min: 13 – Takuya Masuda	6	Wael Gomaa [A]
04	Hiroki Mizumoto	11	Walid Soliman [A]
05	Kazuhiko Chiba		➤ 80min: 8 – Barakat
06	Toshihiro Aoyama	12	Ahmed Kenawi
07	Koji Morisaki	14	Hossam Ghaly (C)
08	Kazuyuki Morisaki [A]		➤ 34min: 22 – Aboutrika (⚽ 57min)
11	Hisato Sato (C) (⚽ 32min)	15	Gedo
14	Mihael Mikic	18	Elsayed Hamdi (⚽ 15min)
15	Yojiro Takahagi		➤ 71min: 27 – Trezeguet [A]
24	Ryota Moriwaki	19	Abdalla Said
	➤ 46min: 2 – Hwang Seokho	23	Mohamed Naguib
27	Kohei Shimizu	24	Ahmed Fathi
	➤ 82min: 16 – Satoru Yamagishi	25	Hossam Ashour [A]
T.:	Hajime Moriyasu	T.:	Hossam El Badry

(C) - Capitão [A] - Amarelo [v] - Vermelho

ESTATÍSTICAS

11 ⟶	Chutes	⟶ 8
6 ⟶	Chutes no gol	⟶ 3
11 ⟶	Faltas	⟶ 16
5 ⟶	Escanteios	⟶ 0
6 ⟶	Impedimentos	⟶ 6
52% ⟶	Posse de bola	⟶ 48%

DIA 8

Segunda-feira, 10 de dezembro, Nagoya

Um rival inesperado

Depois de passar por um susto a bordo do avião que os trouxe do Brasil e não se abalar com um terremoto no Japão, o Corinthians se deparou com novo problema, um rival inesperado, a neve. Uma fina camada branca cobria Nagoya pela manhã e a neve ainda caía por volta das 10h na região central da cidade.

Desde a base, jogadores brasileiros já passaram por campos lamacentos, empoçados por chuvas torrenciais, esburacados etc. Mas poucos tiveram que entrar no campo sob neve. No elenco alvinegro, pouquíssimos.

O jovem Guilherme até fez uma pergunta inocente a Edenílson após olhar pela janela do hotel. "É neve, Edenílson?". "Não, não. São pernilongos albinos", devolveu Edenílson. O diálogo foi a piada do dia entre parte do elenco, para azar de Guilherme.

"Jogar com neve é complicado. Fica mais liso, escorregadio, foge do que a gente está acostumado. Mas a partir do momento em que a temperatura cai para menos de 4°C, fica tudo gelado do mesmo jeito. Precisamos fazer um bom aquecimento, colocar uma ou duas meias e ter esse contato com a bola quantas vezes for possível para não deixar que os dedos fiquem congelados e isso atrapalhe no domínio ou no passe", ensinou Fábio Santos, que chegou a jogar no Kashima Antlers.

Destaque do time nos últimos anos, Paulinho também esperava que a semifinal fosse sem neve. "Tive uma experiência na Polônia. É difícil atuar, não gosto de jogar na neve. Quando acontecia, eles passavam uma pomada, mas não adiantava. Nada esquenta", comentou o ex-jogador do polonês Lodz.

Tite esperava que nevasse novamente antes do jogo para que o time tivesse a chance de fazer um treino na condição adversa. Com a grama mais escorregadia, o técnico acreditava que o chute de média e longa distância podia ser uma arma valiosa, e Douglas era seu jogador com melhor aproveitamento no quesito.

Durante o treino, o goleiro Cássio foi poupado após acusar dores no ombro. Tão próximo da estreia, Tite não quer correr o risco de perder alguma peça por forçar demais. "Foi apenas por precaução. Já não é a primeira vez que ele sente dores no ombro, mas como na terça o Tite pretende fazer um treino mais forte, decidimos preservá-lo para tratar com mais cuidado", informou Julio Stancatti, médico do clube.

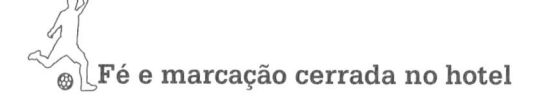

Fé e marcação cerrada no hotel

Tite não acredita na sorte. Acredita no trabalho benfeito, no "me-re-ci-men-to", palavra que transformou quase em mantra no clube, repetindo-a diversas vezes, pausadamente. Mas, se desdenha da sorte, o treinador não se afasta da fé.

Logo pela manhã, o treinador gaúcho saiu às ruas do charmoso bairro de Sakae, onde se localiza o Hilton. Entre tantos templos xintoístas e budistas, o católico Tite encontrou uma igreja para rezar, acompanhado pelo presidente do clube, Mário Gobbi.

De volta ao hotel, o dia caminhava tranquilo. Apenas alguns torcedores insistiam em tirar a paz dos funcionários do Hilton, quase numa batalha velada. Vez ou outra um corintiano se atrevia a pegar um elevador ou subir um lance de escada atrás de algum jogador, mas logo aparecia a marcação cerrada do estafe do hotel.

Aparentemente, os torcedores não tinham nenhum interesse em conhecer o imponente Castelo de Nagoya, principal ponto turístico da cidade, ou o variado museu de arte local. O principal ponto turístico era o Hilton mesmo.

E desde a confusão na chegada da delegação, o hotel tentava se proteger como podia, ao estilo nipônico. Um senhor idoso, impecavelmente uniformizado, segurava uma placa no saguão do hotel: "Entrada proibida para torcedores do Corinthians". Em português e em japonês, para todos entenderem. Na verdade, tratava-se da segunda versão da placa. A primeira, com "Entrada prohibida para fans do Corinthians", causou gozações de torcedores e recomendações de correção por parte de alguns hóspedes.

A poucos metros do funcionário e de sua placa, corintianos mal disfarçavam a presença. Ficavam num canto, devidamente caracterizados com camisas, chapéus e outros adereços. "Eles são tão educados que não te pedem para sair", explicava sem nenhum remorso, ou vontade de sair, o brasileiro John Woo, que posava para fotos sorridente ao lado do primo, Marcel. A dupla ainda segurava o cartaz com ares enigmáticos para os japoneses: "Corintiano rowdy and suffer. Arigatô" ("Corintiano maloqueiro e sofredor. Arigatô").

Sem chamar tanta atenção, Rogério Miciano completava 15 de seus 39 anos em Toyota, sede da semifinal do Corinthians contra o Al Ahly. Mal lembrava mais o ano em que viu o time pela última vez ao vivo. "Foi em São José, pelo Campeonato Paulista. Lembro que tinha o Neto, o Viola, o Ronaldo...". Miciano tentava pegar um autógrafo antes de voltar para casa e esperar pelo jogo decisivo, para o qual já tinha comprado ingresso, a fim de matar a saudade de ver um jogo ao vivo. "Por aqui eles só passam campeonatos europeus. Assinei um canal pago para ver o Corinthians."

Chelsea dá primeira coletiva em Yokohama

Mal aterrissou no Japão, o Chelsea já tinha um primeiro dia atribulado. Às 12h30, Rafa Benítez dava a primeira entrevista coletiva sobre o Mundial, acompanhado do goleiro Petr Cech.

Num salão do próprio Royal Park Hotel, onde a delegação estava hospedada, Benítez tratou de minimizar a crise que rondava os Blues havia alguns meses e manteve um estilo quase blasé. Enquanto isso, o goleiro tcheco admitia um certo favoritismo do time para fazer a final com o Corinthians, mas mantinha o foco no primeiro jogo. Tanto o goleiro titular quanto o técnico interino se esforçavam ainda para exaltar o torneio.

Benítez, sobre pressão:
"Com a crise econômica ao redor do mundo, todos estão sob pressão. Mas eu não tenho nenhuma sensação de pressão. Gostaria de desfrutar cada minuto aqui, tentar fazer o melhor possível e ganhar o título".

Cech, sobre favoritismo:
"Já começamos o torneio na semifinal e acredito que nós e o Corinthians parecemos os favoritos. Mas lidamos bem com isso. Temos que provar esse favoritismo dentro de campo".

Cech, sobre o Corinthians:
"O Corinthians está distante agora. Se vencer o jogo deles e nós o nosso, aí falaremos. Vamos falar do Monterrey [rival da semifinal]. Eles já estiveram aqui antes, estão aclimatados, tiveram um jogo muito bom ontem. Vamos estar preparados para esta partida".

Cech, sobre a importância do torneio:

"Significa muito para qualquer jogador um torneio como esse. Não é fácil vencer a Liga dos Campeões, tive que esperar oito anos para isso acontecer, para poder ingressar nesse torneio".

Treino com bobinho

Nada de treino aberto ou contato com a torcida. Em sua primeira atividade com bola em Yokohama, os ingleses decepcionaram os fãs japoneses, que queriam um contato mais tête-à-tête. Aberto apenas para a imprensa, o treino limitou-se praticamente a alguns exercícios de alongamento, leves corridas e uma roda de bobinho. Algo para tirar o avião do corpo, como o Corinthians já havia feito em Dubai. Até o local escolhido para base do time facilitava as ações. O Marinos Town, centro de treinamento do Yokohama Marinos, ficava apenas a 1 km do hotel que hospedava a delegação. Muitos jornalistas inclusive faziam o percurso a pé. O CT do principal time da cidade era muito mais estruturado e moderno do que o acanhado, porém jeitoso, centro que abrigara o Corinthians, em Kariya.

Diferentemente dos torcedores boleiros do Corinthians, os fãs japoneses dos Blues reverenciavam os atletas quase como popstars, ídolos da música ou do cinema. Ninguém queria saber quem jogaria no lugar de Romeu ou se Lampard estava bem fisicamente. Fotos e autógrafos eram os únicos objetivos. Desta vez, não deu. Os nipônicos se contentaram com imagens a quase 500 m de distância, em sacadas de prédios, de onde acenavam loucamente, municiados do bom e velho binóculo. Tecnologia básica.

DIA 9

Terça-feira, 11 de dezembro, Nagoya

O herói japonês de Torres

Oliver Tsubasa era um jovem habilidoso, rápido e de bom coração. Brilhou pelo São Paulo, um dos rivais do Corinthians, e chegou a fazer final no Maracanã contra o Flamengo no começo dos anos 90. Depois de títulos e fama, Tsubasa foi jogar no Barcelona, bem antes de Messi, Ronaldinho e cia. Tsubasa era o herói do mangá "Super Campeões", animação exibida no Brasil pela extinta TV Manchete, criada como uma das armas para ajudar na popularização do esporte no Japão.

O quanto o desenho ajudou a popularizar o esporte no país, não se sabe. Mas ele influenciou diretamente um garoto em Fuenlabrada, município de Madri: Fernando Torres. "Queria ser Oliver", confessou o atacante do Chelsea e da Fúria, lembrando dos tempos de infância quando começou a ver o desenho, para êxtase dos jornalistas japoneses presentes na entrevista coletiva. "Eu lembro quando era criança. O sinal da TV não era muito bom, mas todos na escola falavam de um desenho japonês sobre futebol. Comecei a jogar por causa dele, eu amava o desenho", contou o espanhol, que conhecia a animação como "Oliver e Benji", mas em boa parte do mundo, incluindo o Japão, o mangá era chamado de "Capitão Tsubasa".

Quase como uma obrigação para todos os jogadores do Chelsea, Torres também deu seu depoimento de "sim, achamos a competição importante". Apesar da preparação em cima da hora de seu time, o atacante comparou o torneio a uma Copa do Mundo. "Quantas pessoas não levam esse torneio a sério ou não acham que isso é um Mundial? Na Europa talvez nós não demos muita atenção, e alguns acham que não significa muito, mas, para mim, significa. Isso não é um feriado, é uma Copa do Mundo."

Por fim, Torres reconheceu que, se o time quer ganhar o título tanto quanto o Corinthians, para as torcidas, a relação com a competição é bem diferente. "David Luiz [um dos brasileiros do Chelsea] me mostrou um vídeo dos torcedores do Corinthians, com o aeroporto cheio de gente. Então, é importante."

De volta a Marinos Town, o Chelsea faria seu primeiro treino mais sério no Japão. Talvez pela primeira vez o time faria um treino pensando apenas no Mundial de Clubes. Na Inglaterra, não houve tempo para isso. Após 15 minutos de aquecimento, Rafa Benítez fechou as atividades à imprensa.

Depois, ainda sob os efeitos do frio e do fuso, Petr Cech e o lateral português Paulo Ferreira resolveram tomar um café numa das lojas da Starbucks em Yokohama. A entrada da dupla dos Blues causou um alvoroço na cafeteria. Enquanto o português comprava uma caneca de recordação, Cech distribuía autógrafos e tirava fotos com torcedores devidamente uniformizados, muitos deles possivelmente não faziam ideia de quem era o jogador ao lado do goleiro tcheco. Quase sem aparições em jogos importantes, Ferreira até se irritou quando um fã pediu para ele se posicionar melhor para fazer uma foto.

Vista da ensolarada Dubai.

Guerrero e Martínez andando nos corredores do Dubai Mall.

Corintianos desembarcam no aeroporto de Narita.

Primeiro treino no estádio Wave, em Kariya.

Vista de Kariya, local em que o Corinthians treinava, perto de Nagoya.

Treino em Kariya aberto para a torcida.

Arquibancada do estádio Toyota, onde o Corinthians jogaria na estreia.

ENTRADA PROIBIDA
PARA TORCEDORES DO
CORINTHIANS
コリンチャンス　サポーター
立入禁止

Estafe do Hilton coloca placa na entrada do hotel, tentando inutilmente barrar a entrada de torcedores.

Acima: Torcedores chegam ao estádio Toyota.

Esquerda: Japonês prepara espetinho vendido na frente do estádio.

Na Fan Fest, em Toyota, era possível tirar foto

Estádio com público pequeno e muita neve para Al Ahly e Sanfrecce.

No dia seguinte à definição do rival do Corinthians, Nagoya amanhece.

Fábio Santos concede entrevista para profissionais de rádio, jornalismo impresso e online, no Hilton.

Frente do estádio Toyota horas antes da estreia do Corinthians.

Torcedores do Corinthians em Toyota.

Corintianos na frente do estádio, em Toyota.

Corintianos fazem festa na frente do estádio
antes do jogo contra o Al Ahly.

Torcedores deixam estádio após vitória.

David Luiz dá entrevista na zona mista do estádio após estreia vitoriosa do Chelsea.

Em Yokohama, jogadores do Chelsea treinam ao fundo, isolados da torcida e da imprensa.

Vista de Yokohama em frente ao hotel onde os
jogadores do Chelsea estavam hospedados.

"Japa do Alambrado", torcedor-símbolo no Pacaembu, também estava no Japão.

Estádio Internacional de Yokohama já estava quase cheio momentos antes da final.

Visão do estádio da bancada destinada à imprensa escrita.

Guerrero ao lado do palanque após receber o prêmio como 3º melhor jogador do mundial.

Cássio recebe prêmio de melhor jogador do torneio.

Corintianos fazem festa no Estádio Internacional de Yokohama após o título.

Time corintiano faz a volta olímpica, para delírio da torcida.

Neto vibra com o título na bancada de imprensa.

Após a entrevista coletiva, Tite posa para

Al Ahly, o francoatirador

Sete títulos continentais, quase 20 milhões de torcedores e o título honorário de campeão do século XX da África (atribuído pela Confederação Africana de Futebol). E praticamente terminam aí as credenciais do Al Ahly, que participa do Mundial de Clubes pela quarta vez, sem conseguir nenhuma final. Seu melhor resultado foi um terceiro lugar em 2006, ano da conquista do Inter.

A realidade atual do Ahly é outra. A realidade do Egito é outra. E, às vezes, futebol e política se misturam no país. A ala radical de sua torcida, os ultras, ajudaram a tirar do poder o presidente Hosni Mubarak, em 2011, um dos muitos eventos da Primavera Árabe, uma onda de protestos populares que derrubou vários governos no norte da África e no Oriente Médio.

Mas as manifestações dos torcedores do Ahly não foram esquecidas. No dia 1º de fevereiro de 2012, em um jogo do campeonato local, autoridades ligadas ao governo de Mubarak facilitaram a invasão do estádio Port Said, onde o Ahly visitava o Al Masry e seus torcedores eram minoria. Uma batalha sangrenta foi travada, com saldo de 79 mortos.

O campeonato foi suspenso e não tinha voltado até o início do Mundial de Clubes. Conhecido como Tragédia de Port Said, o massacre é usado abertamente como elemento motivacional. O time até conseguiu autorização da Fifa para usar uma fita preta na manga da camisa, em sinal de luto. "Queremos apenas representar bem o Egito e dar uma alegria para as pessoas. Sabemos que temos muitos problemas internos no momento. Temos que entrar em campo para mostrar que o futebol é uma coisa boa, não uma tragédia", resumiu El Badry, que nega qualquer envolvimento político seu ou de seus jogadores.

Não eram esperados mais de 200 torcedores egípcios em Toyota. No domingo, dia 16, a população do país participaria de um referendo pela nova Constituição, possivelmente com campanha maciça dos ultras. Mas a torcida corintiana não assusta o meia Hossam Ashour. "Estávamos jogando para duas, três mil pessoas. Então ficamos felizes de poder jogar diante de tanta gente. Será uma oportunidade para mostrar nosso futebol para a torcida deles."

Para tentar a façanha de derrotar o Corinthians, El Badry não precisou de muito tempo para tentar descobrir algum ponto fraco do rival. Três horas apenas: "Vi dois jogos inteiros".

Véspera da estreia

O dia amanheceu frio, como de hábito em Nagoya, mas sem neve, para alegria de Tite e dos jogadores. O treinador, aliás, acordou cedo. Levantou-se às 6h30 e já começou a pensar na preparação do trabalho a ser realizado ao longo do dia. O técnico não queria ser cobrado por algo que deixou de fazer. "Estou ansioso, sou humano. Gosto de ficar no meu canto, focado no trabalho", declarou.

Essa ansiedade é companheira dos técnicos acostumados a grandes decisões, como Tite. Ela só aumentava, à medida que o Mundial de Clubes se aproximava. Agora, na véspera, só restava ao treinador controlá-la. Em uma sabatina promovida pelo jornal *Folha de S.Paulo*, Tite explicava seus sintomas: "O fantasminha da ansiedade está me acompanhando e crescendo cada dia mais. À medida que o tempo vai passando, ela é inevitável, então tem mão suada, estômago um pouco embrulhado... O que eu tenho é experiência para direcionar o grupo a focar no trabalho e no jogo. Assim, não deixo o fantasma crescer tanto".

Tudo corria tranquilamente também nas cercanias do hotel em que o clube estava hospedado. No Brasil só se falava da invasão corintiana. Dos milhares de torcedores que chegariam. Não só os jogadores, mas até os jornalistas já criavam expectativa do que estava por vir. Mas ainda não tinha vindo. Apesar dos pedidos constantes das redações para falar com os corintianos nas ruas, eles simplesmente não estavam lá, em Nagoya. O que todos sabiam era que muitos deles já estavam em Tóquio, cidade mais afeita a receber turistas em grande quantidade. Mas o que ninguém em Nagoya imaginava era quantos.

E mesmo ainda longe de Nagoya, a torcida corintiana já tinha lugares reservados para celebrar a possível vaga para a final. No metrô, uma bela jovem, ao perceber a presença de brasileiros, fez a propaganda de uma agitada noite de festa numa casa noturna de Sakae, a Sonic Club. Seu namorado seria um dos DJs da noite que prometia ser bem eclética, com música eletrônica, reggae e forró. Como no Brasil, a entrada só era gratuita para as mulheres. Os homens teriam que pagar 2.000 ienes para ouvir os DJs Akihisa, Ahura e Sonic. O flyer da festa ainda se esforçava para fazer o convite num sofrível português: "Vamos comemorar a estreia vitoriosa do Timão numa balada só de CORTIMTHANOS".

Enquanto isso, Tite estava ciente de que a cobrança da torcida poderia ser forte, mas parecia preparado. "Sinto uma grande alegria e responsabilidade, mas não quero que tudo se torne um peso muito grande. Sei que uma série de pessoas abriu mão de emprego, o que é louvável, mas temos que saber que a vida segue."

A delegação corintiana tinha encerrado seus trabalhos no estádio Wave, em Kariya. O treino do dia já seria no palco da semifinal, em Toyota, em horário similar ao do jogo.

Qualquer detalhe pode fazer diferença numa decisão. Assim, Tite simulou cruzamentos para posicionar sua defesa e ensaiou jogadas puxadas pelos volantes (Ralf e Paulinho) para Guerrero. A imprensa só teve acesso aos primeiros 15 minutos, depois, o treinador teve a chance de preparar alguma jogada secreta.

Na entrevista sobre o jogo contra o Al Ahly, Tite foi Tite: "O resultado não podemos assegurar, mas quero fazer um jogo com a cara do Corinthians, vibrante sem bola, competitiva, que não sinta o fato de estar jogando do outro lado do mundo. Esse é o compromisso. Vamos enfrentar um rival que é francoatirador. A responsabilidade [da vitória] é nossa".

DIA 10

Quarta-feira, 12 de dezembro, Nagoya

"Vai, Corinthians" domina Nagoya

Algo estava diferente na manhã de Nagoya. Parecia feriado ou uma capital turística europeia, tamanha a quantidade de pessoas sorridentes municiadas de câmeras fotográficas. A grande diferença talvez era ver as máquinas nas mãos dos ocidentais, enquanto os orientais eram os que prestavam informações e batiam fotos para os outros, não para eles. Uma pequena inversão de valores.

Outra diferença: quase todos os turistas usavam roupas semelhantes. Seria comum se se tratasse de uma excursão da Stella Barros ou algo assim, mas eles estavam mais espalhados, em cantos diferentes da cidade. Os trajes (camisas, agasalhos, gorros, luvas ou cachecóis) sempre mesclavam preto e branco. Completando o cenário, para total estranheza dos japoneses, todos emitiam o mesmo grito de guerra: "Vai, Corinthians", já ouvido aqui e ali desde a saída do time de Guarulhos e passando por Dubai. Era praticamente um mantra, empregado em diferentes situações, como o "ciao" italiano (para encontros e despedidas).

Um corintiano cruzava com outro na rua ou no metrô, mesmo desconhecido, e saudava: "Vai, Corinthians". Atravessar uma rua "brasileiramente" fora da faixa? Só com grito ("vai, Corinthians!"). Escolher uma direção no emaranhado metrô de Nagoya? ("vai, Corinthians!). Pagar a conta no café, ou no bar? ("vai, Corinthians!"). Se esperasse um pouco nas ruas centrais, era possível até encontrar um brasileiro tentando ensinar um japonês a pronunciar cada sílaba: "vai, Co-lin-tia!". Mesmo no dia do jogo, a maioria dos locais ainda não entendia o que estava acontecendo na cidade.

Ainda não era a majoritária torcida organizada, mas sim os torcedores "comuns", andando em pequenos grupos, com amigos ou com a família. Tratava-se do começo da invasão. Baseados em Tóquio, muitos dos adeptos do Corinthians esperaram até o dia do jogo para conhecer a cidade na qual a delegação do time estava hospedada. Nada de procissão ou comboio na porta do hotel Hilton, se bem que o local era um dos pontos "turísticos" visitados no dia. Os torcedores usaram a manhã para passear pelas ruas da cidade, entrar nas lojas das ruas de Sakae, almoçar, ou beber, na região. Quase uma parada obrigatória antes de seguirem caminho, de trem ou de carro, para Toyota, a 25 km de distância. Enquanto o tempo passava, a quantidade de gente nas ruas aumentava. E a ansiedade também.

Surpresa antes do jogo

Em Nagoya, horas antes da partida em Toyota, a comissão corintiana preparou uma surpresa para os jogadores. Depois que eles saíram para almoçar, foram deixadas cartas e mensagens dos familiares colhidas ainda no Brasil. Ideia de Tite, para emocionar seus atletas e trazer a força da família para o Japão. Deu certo. Muitos dos jogadores foram às lágrimas e mostraram as dedicatórias uns para os outros. Alguns depois usaram as redes sociais para compartilhar o mimo. O atacante Emerson postou no Twitter: "Faltando menos de cinco horas para o jogo. Acabei de receber essa carta do Emerson Filho e do Henry me desejando sorte... Que saudade de vocês. Obrigado, meus amores".

Na imagem da carta postada pelo atacante, era possível ver o hilário conteúdo: "Eu te amo. Eu quero que você faça um ou dois gols no frangueiro do Petr Cech. Eu sei que vai ser um jogo difícil, mas eu quero que você ganhe". Antes do Chelsea, porém, ainda tinha o Al Ahly.

A terceira invasão, parte 1 - Toyota

Ser um torcedor do Corinthians não é exatamente questão "sine qua non" para se conhecer as invasões corintianas. Torcedores rivais podem dar de ombros, fazer de conta que não foi nada demais ou que seu time tem histórias semelhantes, mas no fundo, no fundo, sabem direitinho da invasão, e invejam silenciosamente. Foram duas. A primeira, mais impressionante, é verbete até da Wikipedia. A segunda, menos imponente, mas de final mais feliz. Um breve resumo para os que acabaram de chegar de Marte ou saíram da câmara de criogenia e não conhecem a história:

Invasão 1 – Maracanã, 5 de dezembro de 1976. O Corinthians, na fila há 22 anos por uma conquista relevante, jogaria a semifinal do Campeonato Brasileiro contra o Fluminense, time técnico, apelidado de máquina. Confiante do resultado, o presidente tricolor, Francisco Horta, ofereceu aos corintianos dividir o estádio.

Reza a lenda que Horta levou pessoalmente os ingressos para o mandatário corintiano, o folclórico Vicente Matheus. E esperou pela devolução de uma parte da carga. Porém, os corintianos compraram todos os tíquetes e invadiram o Rio, a maioria de carro ou ônibus. Calcula-se que dos 146 mil torcedores daquela tarde no estádio, cerca de 70 mil eram do time alvinegro. Em campo, debaixo de chuva, o Corinthians conseguiu empatar a partida na raça, 1 a 1. E levou a decisão para os pênaltis. Ganhou, e foi para a final, para o delírio da torcida. Perdeu a decisão depois, e ficou com o vice. O Inter levantou a taça daquele ano.

Invasão 2 – Maracanã, 14 de janeiro de 2000. Final do primeiro Mundial de Clubes da Fifa. Remodelado, o mesmo palco da primeira invasão já abrigava um público bem menor, 73 mil pessoas. Destas, cerca de 25 mil apoiavam o Corinthians em busca do título. Novamente, empate. Novamente, pênaltis. Novamente, o Corinthians ganhou, para delírio da torcida. Desta vez, o time saiu do estádio com a taça.

"Igual à primeira eu nunca vi, e acho difícil ver de novo", recordava Ivair da Silva, aposentado de 62 anos que esteve nos dois jogos in loco. E estaria no terceiro. Mesmo sem o título no fim do ano, o jogo de 1976 continua mais marcante para o torcedor. "Cheguei umas 7h30 da manhã, de carro. Estacionei em frente ao Maracanã, peguei um ônibus e fui para a praia tomar cerveja", lembra sorrindo.

Em Toyota, Ivair se juntou aos milhares de corintianos que chegaram de trem ou metrô e caminharam cerca de 2 km até o estádio, onde se aglomeraram em frente à porta principal já no meio da tarde, muito antes das 19h30, horário programado para começar a semifinal. Ninguém queria entrar para o jogo de abertura do dia, a decisão do quinto lugar entre Sanfrecce e Ulsan Hyundai. Aliás, muitos nem sabiam da partida.

O estado de animação de várias pessoas na frente da arena era potencializado pela cerveja vendida nas barraquinhas por ali. Alguns, mais prevenidos contra o frio, tomavam uísque mesmo, pelo gargalo. Torcedores apareciam com cartazes de diferentes cantos do Brasil e do mundo, de rostos pintados, com adereços, de roupas típicas japonesas ou chapéus espalhafatosos... uns usavam até máscaras de luta livre. Tinha de tudo.

Na loja oficial, desta vez, os mimos com escudo do Corinthians eram bem procurados. Mas os japoneses continuavam preferindo presentinhos do Chelsea. O mais curioso, porém, era a camisa do Corinthians oferecida na tenda da Fifa com a palavra "réplica". "Não é oficial?", perguntou um torcedor em inglês. A vendedora, como a maioria dos vendedores por lá, não entendeu. Entre mímicas e risadinhas, a jovem pareceu compreender o que o consumidor queria e pegou a camiseta para mostrá-la. A falta de etiqueta da fornecedora na parte interna entregava a falsificação. Mas o preço, sim, é que era o crime: 10.100 ienes, ou R$ 252. A nova camisa da Nike poderia ser encontrada nas melhores lojas por cerca de R$ 210. Outros que faziam a festa em Toyota eram os vendedores de "coxinha brasileira". Eles também ficaram felizes, pois venderam mais de 200 coxinhas a 250 ienes cada. Fez mais sucesso que o pastel da barraca sul-americana do estádio, uma mistura de queijo e presunto (sem queijo) vendida a 400 ienes (cerca de R$ 10).

Apesar da boa presença de corintianos, era possível encontrar ingressos para todos os setores em mais uma prova de que a competição não chamava a atenção dos japoneses... ou do resto do mundo. O bilhete mais barato, nos setores localizados atrás dos dois gols, custava 7.000 ienes (cerca de R$ 175). O mais caro, na parte central do anel inferior, pertinho do gramado, custava 18 mil ienes (R$ 451). E olha que um ingresso servia para os dois jogos (ou quatro torcidas, se preferir).

Jogo difícil e classificação para a final

O dia de futebol começou com uma divertida decisão de quinto lugar. Depois de jogar bem e sair derrotado contra o Al Ahly, os japoneses do Sanfrecce Hiroshima continuaram animados e venceram justamente o Ulsan Hyundai por 3 a 2, com direito a um gol contra para os coreanos e uma curiosa comemoração no segundo gol, de Sato, na qual metade do time imitava lutadores de sumô. Se no começo da partida as arquibancadas estavam quase vazias, no segundo tempo já tinham um bom número de torcedores... corintianos, fazendo um "esquenta" com vários "vai, Corinthians" entremeados por alguns "ô ô ô, todo poderoso Timão".

Na sala de imprensa do estádio, parece que os jornalistas japoneses finalmente começaram a entender a "invasão" e ficaram espantados. Um perguntou para um colega na sala: "A torcida do Corinthians é a maior do Brasil?". "Não, é a segunda maior", retrucou o brasileiro. Antes da explicação, o japonês, querendo mostrar seus conhecimentos sobre o futebol brasileiro, treplicou: "Ahh, a maior é a do Santos?". A pergunta provocou risos incontidos dos brasileiros que estavam por perto. Depois, o brasileiro explicou que a maior torcida no país é a do Flamengo, do Rio, mas que o Corinthians, de São Paulo, vinha logo atrás. Um outro colega mais sarcástico completou: "Mas a torcida do Santos é a maior de Santos".

A temperatura era de cerca de 2ºC quando começou a partida do Corinthians, mas a sensação térmica era de temperatura negativa. Nas arquibancadas, o Corinthians foi dominante. Em campo, não foi bem assim.

Ao som da empolgada massa alvinegra, o time de Tite entrou em campo como se estivesse no Pacaembu e começou jogando melhor. Tinha muito mais posse de bola e dominava as ações mesmo sem criar boas oportunidades contra um Al Ahly meio assustado. A impressão era de que o gol sairia a qualquer momento. E saiu. Douglas fez um belo cruzamento de três dedos para dentro da área e Guerrero marcou de cabeça. Valeu a pena o sacrifício para ter em campo o atacante peruano.

A festa da torcida aumentou, o frio também, mas sem risco de neve. Só que estranhamente o Corinthians começou a defender o resultado. Não parecia ser consciente ou natural, mas o time passou a se desfazer da bola rapidamente e dar campo aos habilidosos meias do Al Ahly. Cássio foi obrigado a dar uma ou duas saídas arrojadas para evitar o empate. No fim da partida, as estatísticas apontavam mais posse de bola dos egípcios.

Além da dificuldade para o campeão da Libertadores vencer a partida, o fato mais surpreendente da semifinal era, sem dúvida, a participação da torcida. De acordo com estimativa dos jornalistas presentes, cerca de 20 mil corintianos de um total de 31.417 pagantes. Mal dava para encontrar os torcedores do Al Ahly no meio dos 11 mil japoneses que prestigiaram o duelo. E a torcida, que chegou em festa, ficou meio assustada no segundo tempo (com a exceção da Gaviões da Fiel, muitos se calaram, preocupados com as investidas do rival). Na saída do estádio, a preocupação da maioria era pegar o trem logo para voltar a Tóquio, ou passar a noite nas ruas da gelada Nagoya.

Após a partida, jogadores culparam a ansiedade da estreia pelo descontrole da partida no segundo tempo, mas estavam aliviados com a vaga na final. Aniversariante do dia, Romarinho, que entrou no segundo tempo, já tinha até escolhido seu adversário para a final, com sua habitual sinceridade. "Prefiro enfrentar o Chelsea. Vai ser um jogo bom e é o que tá todo mundo esperando."

Durante a coletiva, Tite preferiu comemorar o resultado a criticar a atuação do time. "Já esperávamos por um jogo difícil e, como todos perceberam, sofremos bastante pressão. O Al Ahly foi cada vez melhor no segundo tempo e foi difícil mantermos a vantagem no placar. Tivemos problemas para ficar com a posse de bola", comentou o técnico antes de elogiar a torcida: "O apoio dos nossos torcedores foi fantástico e nos ajudou muito. O importante é que chegamos na final. Agora, queremos o título".

Em vez de questionar o segundo tempo ruim, Tite preferiu focar na primeira parte boa, afinal, como diz o técnico, o jogo é um todo. "[A equipe] Fez um grande primeiro tempo, deu volume e não permitiu finalização ao adversário. Bota na balança e tu vê que a gente mereceu. Se tivesse um processo inverso e o segundo tempo fosse o primeiro, as perguntas agora seriam outras", declarou o técnico gaúcho.

Para o egípcio Hossan el Badry, o Al Ahly merecia sorte melhor: "Estou decepcionado por termos perdido, mas os meus jogadores fizeram uma atuação muito boa. Cometemos alguns erros, mas acho que jogamos melhor do que o Corinthians. Se compararmos o desempenho das duas equipes, merecíamos ter vencido. Estou orgulhoso do meu time".

De volta ao lado corintiano, Tite parecia já ter um novo mantra ao fim da coletiva. "Possibilidade real de título. Possibilidade real de título", repetiu. Se o técnico não admitia o favoritismo escancarado antes da semifinal, agora também refutava a condição de zebra.

Em Yokohama, Benítez reclama de tudo

O Chelsea não é favorito... ele é muito favorito para o confronto com o Monterrey. Mas, talvez para se proteger de uma possível tragédia no dia seguinte, o técnico começou a pontuar os problemas que os ingleses podiam ter. "Estamos tentando nos adaptar ao fuso horário, ao campo, à bola, a tudo. Tudo é novo, mas temos que fazer o que está ao nosso alcance."

Ele só não falou por que o Chelsea não pediu o adiamento de nenhum jogo do Inglês (eles adiam jogo até por causa da Copa da Inglaterra) e resolveu começar a preparação do time para o torneio apenas dois dias antes da estreia. Mas com exceção do exagero em relação ao campo ou à bola, o fuso, de fato, pode ser um problema.

Tite alertara ainda em São Paulo que o terceiro dia poderia ser o pior para os jogadores. A concentração cai e os reflexos ficam menos apurados. Até por isso o Corinthians fez apenas uma atividade leve três dias depois de chegar em Nagoya. Benítez teria que ir a campo praticamente três dias e meio após chegar à cidade. E o Monterrey já estava havia 11 dias em solo japonês. "Meu foco principal e dos jogadores é de tentar dormir mais de quatro horas", completou.

Sobre a formação do time, o espanhol ainda fez mistério. "Minha experiência na competição mostra que devo ver como os jogadores estão na véspera, durante o treinamento. É preciso considerar que alguns jogadores têm a recuperação mais lenta do que outros. Depois de assistir ao Monterrey e analisar os meus jogadores é que vou decidir o time. Quero vencer, então vou usar o que tiver de melhor para a primeira partida."

DECISÃO DO QUINTO LUGAR

Juiz: Nawaf Shukralla (BAH)
Assistentes: Yaser Tulefat (BAH) e Ebrahim Saleh (BAH)
Local: Estádio de Toyota
Horário: 16h30
Público: 17.581 pessoas

ULSAN HYUNDAI (COR) 2		SANFRECCE HIROSHIMA (JAP) 3	
1	Kim Youngkwang	1	Shusaku Nishikawa [A]
2	Lee Yong (⚽ 95min)	2	Hwang Seokho [A]
5	Kwak Taehwi (C)	4	Hiroki Mizumoto (⚽C 17min)
8	Lee Ho [A]	6	Toshihiro Aoyama
9	Kim Shinwook	7	Koji Morisaki
11	Lee Keunho	8	Kazuyuki Morisaki
13	Kim Seung Yong		➤ 79min: 9 – Naoki Ishihara
	➤ 76min: 10 – Maranhão	11	Hisato Sato (C) (⚽ 56min, 72min)
14	Kim Youngsam	15	Yojiro Takahagi
17	Ko Seulki	16	Satoru Yamagishi (⚽ 35min)
19	Rafinha [A]		➤ 75min: 27 – Kohei Shimizu
28	Kim Chigoni	20	Hironori Ishikawa
	➤ 52min: 3 – Lee Jae-sung		➤ 95min: 5 – Kazuhiko Chiba
		33	Tsukasa Shiotani [A]
T.:	Kim Ho Gon	T.:	Hajime Moriyasu

(C) - Capitão [A] - Amarelo [v] - Vermelho

ESTATÍSTICAS

19	→	Chutes	→	11
7	→	Chutes no gol	→	6
10	→	Faltas	→	15
3	→	Escanteios	→	2
4	→	Impedimentos	→	3
46%	→	Posse de bola	→	54%

SEMIFINAL – JOGO 1

Juiz: Marco Rodriguez (MEX)
Assistentes: Marvin Torrentera (MEX) e Marcos Quintero (MEX)
Local: Estádio de Toyota
Horário: 19h30
Público: 31.417 pessoas

AL AHLY (EGI) 0

1	Sherif Ekramy
	▶ 65min: 16 – Abou Elseoud
3	Ramy Rabia
6	Wael Gomaa (C)
11	Walid Soliman
12	Ahmed Kenawi
15	Gedo
	▶ 80min: 9 – Emad Meteab
18	Elsayed Hamd
19	Abdalla Said
	▶ 55min: 22 – Aboutrika
23	Mohamed Naguib
24	Ahmed Fathi
25	Hossam Ashour

T.: Hossam El Badry

CORINTHIANS (BRA) 1

12	Cássio
2	Alessandro (C)
3	Chicão
5	Ralf
6	Fábio Santos
8	Paulinho
9	Guerrero (⚽ 57min)
	▶ 92min: 26 – Guilherme
10	Douglas
	▶ 80min: 23 – Jorge Henrique
11	Emerson
	▶ 75min: 31 – Romarinho
13	Paulo André
20	Danilo

T.: Tite

(C) - Capitão [A] - Amarelo [V] - Vermelho

ESTATÍSTICAS

6 ⟶	Chutes ⟶	6
0 ⟶	Chutes no gol ⟶	1
11 ⟶	Faltas ⟶	16
3 ⟶	Escanteios ⟶	8
3 ⟶	Impedimentos ⟶	3
50% ⟶	Posse de bola ⟶	50%

DIA 11

**Quinta-feira, 13 de dezembro,
em trânsito para Yokohama**

De Nagoya para Yokohama

Durante o check-out de manhã, vários jornalistas acompanharam on-line o primeiro tempo da final da Copa Sul-Americana, entre São Paulo e o argentino Tigre, no Morumbi. Só o primeiro tempo, porque não teve jogo na etapa final. Depois de uma briga generalizada nos vestiários com acusações de parte a parte sobre quem começou, os argentinos alegaram insegurança para voltar a campo e abandonaram a partida, na qual já perdiam por 1 a 0. O São Paulo levantou a taça, Lucas comemorou sua despedida da equipe e poucos entenderam o que aconteceu do outro lado do mundo.

No começo da tarde, por volta das 15h, a delegação corintiana deixou o hotel e chegou à estação central de Nagoya, ali perto, de onde seguiria para Yokohama no Shinkansen, o trem-bala japonês. No embarque, a organização nipônica entrou em ação para evitar o tumulto. Os jogadores desciam do ônibus e rumavam para o trem de cinco em cinco; entre um grupo e outro, os passageiros comuns poderiam passar. E todo mundo ficava feliz. "A disciplina deles é impressionante. É de se admirar. A todo momento eles fazem de tudo para que a gente se sinta à vontade, e a forma como eles nos acolheram até agora é impressionante", disse o capitão Alessandro, despedindo-se da cidade na qual o time passou mais tempo.

A bordo do trem expresso, a viagem duraria cerca de uma hora e meia, com direito a imagens contemplativas do Monte Fuji no caminho. Se o meio de transporte era novidade para alguns, tudo estava perfeitamente natural para Emerson. "Fiquei quase três anos sem habilitação aqui, porque realmente é difícil tirar. Então eu pegava o trem mesmo", comentou o atacante, lembrando a dificuldade de dirigir na cidade cheia de veículos e com mão inglesa.

Se na plataforma ainda dava tempo de os jogadores distribuírem autógrafos ou tirarem uma foto com fãs antes do embarque, em Yokohama, a equipe voltou à condição de quase desconhecida. Eram quase 17h, quando a maior parte da delegação chegou à cidade. Às 17h21, o time já estava devidamente instalado no Hotel Sheraton, região mais central de Yokohama.

Após o check-in, o grupo se dividiu. Alguns preferiram descansar no hotel, colocar o papo em dia com os familiares, via internet, e assistir ao jogo do conforto do quarto, como Paulo André, Martínez e Guerrero. Já Tite e outros comandados, como Paulinho, Alessandro e Fábio Santos, preparavam-se para ir ao estádio de Yokohama, palco da segunda semifinal do Mundial de Clubes, que definiria o rival corintiano na decisão.

Segunda semifinal – o jogo das quatro torcidas

Inaugurado em 1997 e construído para a Copa do Mundo, o Estádio Internacional de Yokohama traz boas lembranças para os brasileiros. Foi lá que o time dirigido por Luiz Felipe Scolari conquistou o pentacampeonato contra a Alemanha, marcando 2 a 0 na partida final e coroando uma campanha perfeita na Copa de 2002 (até hoje, a "Família Scolari" é a única a ganhar sete jogos em sete possíveis num Mundial). Reserva do Corinthians, Anderson Polga também era suplente daquele time.

Sede da semifinal do dia anterior, o estádio de Toyota ficava até acanhado perto da imponente arena de Yokohama, com capacidade para 72 mil pessoas. Tudo era maior na frente do estádio: da Fan Fest à loja oficial da Fifa. Nas dependências, a sala de imprensa parecia ter o triplo do tamanho. E para facilitar o acesso até a tribuna de imprensa, era possível pegar um elevador.

O clima em Yokohama também era bem melhor. Não que tivesse alguma onda de calor na cidade, mas as temperaturas eram em média três a quatro graus mais altas. Dava quase para comemorar depois do frio intenso de Toyota.

Desta vez, não tinha preliminar. E todas as 36.648 pessoas presentes na arena foram exclusivamente para ver Chelsea x Monterrey. Público superior ao do jogo do Corinthians, provando mais uma vez o prestígio dos times europeus no país.

Sobre a partida mesmo, é possível resumir tudo em uma palavra, a escolher: tranquilidade, treino ou massacre. O Chelsea se impôs desde o primeiro minuto, começou com muita intensidade e seguidas jogadas pelo lado esquerdo, setor no qual Hazard, Juan Mata e Oscar faziam várias triangulações e criavam situações de gol com facilidade. David Luiz, numa inesperada escalação no meio-campo, apoiava com frequência. E o espanhol Mata abriu o placar no começo do jogo (na hora de comemorar fez o número seis com a mão, em homenagem ao compatriota Oriol Romeu, que nem viajou). Depois, os Blues diminuíram o ritmo. No começo do segundo tempo, um replay do primeiro, intensidade e gols (dois). Com o placar confortável, o time tirou novamente o pé e até tomou um gol nos acréscimos.

Bem diferente da sofrida semifinal corintiana, o jogo em ritmo de treino chamou a atenção por outro motivo: a torcida. Para os mais atentos, quatro torcidas.

Primeira torcida: a do Chelsea. Cerca de mil ingleses vibraram com o resultado, cantaram para os jogadores e os apoiaram ocasionalmente. Alguns levaram até faixas. Mas eram mais facilmente identificáveis na hora do protesto, no minuto 16. Explica-se: a torcida do Chelsea odeia o treinador interino Rafa Benítez desde que ele chegou para substituir o queridão Roberto di Matteo, sentimento nutrido dos tempos em que o espanhol comandava o rival Liverpool e deu uma ou duas entrevistas infelizes sobre os Blues. Depois do anúncio de sua contratação, a torcida passou a bater palma, de pé, em todos os jogos, quando o relógio alcança o 16º minuto. Isso porque 16 era o número da camisa de Roberto di Matteo, que já foi jogador do time de Londres em época bem menos endinheirada. As palmas são, ao mesmo tempo, uma homenagem a Di Matteo e uma retaliação a Benítez. E nem no Japão o espanhol se livrou. Foi só chegar o minuto 16 e as palmas começaram.

Segunda torcida: a do Monterrey. Cerca de 500 destemidos mexicanos, que agitavam incessantemente suas bandeiras, talvez para espantar o frio. Os raiados, como são conhecidos, comemoravam até desarme ou escanteio conquistado. Como o jogo se resolveu rápido, eles partiram para a festa. E mexicano adora fazer festa.

Terceira torcida: a de japoneses pró-Chelsea. Compunham a maioria esmagadora dos mais de 36 mil presentes. Quase todos usavam adereços do Chelsea, normalmente camisas ou cachecóis. Diferentemente do legítimo torcedor dos Blues, não levantaram no minuto 16, e não devem ter entendido por que os outros o fizeram. Também não cantavam, viam o jogo quietinhos, batiam palma após conclusões a gol e faziam um emocionado "óóóóóhhhhh" para qualquer toque de calcanhar na lateral do campo. Quase no fim da semifinal, os japoneses localizados abaixo da área de imprensa se levantaram e olharam para cima, na direção da tribuna reservada aos convidados. Sacaram seus celulares/câmeras e começaram a fotografar e acenar loucamente. Intrigados, os brasileiros tentavam descobrir quem era o jogador ou astro que chamava mais atenção que o jogo. Tratava-se de Akashiya Sanma, famoso comediante da TV nipônica, que viu o jogo quietinho.

Quarta torcida: a mais inesperada, de corintianos. Torcedores que estavam na cidade e foram ao estádio. Diante do silêncio japonês, ecoavam de tempos em tempos um solitário "vai, Corinthians". À medida que o jogo foi passando, a quantidade de corintianos aumentou, e eles começaram até a fazer coro com os raiados e vibraram no gol de De Nigris. Entre um "Timãooo, êê ôôô, Timãooo, êê ôôô" e outro, também cantaram em homenagem ao brasileiro David Luiz: "doutor, eu não me engano, David Luiz é corintiano". Aproveitaram ainda para vaiar o ex-são-paulino Oscar a cada toque de bola.

Depois da partida, Lucas Piazon, que como Oscar cresceu na base do time do Morumbi, disse que ficou surpreso com os corintianos no estádio. "Não sabia que eles estavam na cidade. No começo do jogo eles estavam um pouquinho quietos, mas depois começaram a falar bastante. Foi engraçado. Eu ficava ali no banco comentando com o Rami [Ramires]."

Declarado torcedor do Corinthians, David Luiz foi o mais procurado na zona mista do estádio após o jogo, tanto por brasileiros quanto pelos ingleses. Enquanto os jornalistas europeus perguntavam sobre seu novo posicionamento em campo, mais avançado, os brasileiros estavam mais ansiosos em saber se ele ouviu a torcida na arquibancada.

E, claro, o zagueiro brasileiro teve de falar do seu time de infância. "Sempre deixei bem claro. Nasci em Diadema e sempre acompanhei os jogos do Corinthians. Sou corintiano. Mas hoje estou do outro lado da moeda, sou um jogador profissional e defendo as cores do time que eu represento. Faço de tudo e dou minha vida pelo

Chelsea, e agora não vai ser diferente", declarou o jogador antes de lembrar dos tempos em que torcia pelo rádio: "Não ia aos jogos, era muito longe. Ouvia pelo rádio e o jogo era sempre emocionante. A bola tava no meio de campo e o radialista gritava que era quase gol", disse sorrindo.

Sobre a invasão da torcida, primeiro David brincou ("invasão, não; eles tiraram visto") e depois falou sério. "É natural. Uma equipe que tem uma massa que sempre a acompanha. Os torcedores vão tentar apoiar o time e ser o diferencial, como acontece em muitos jogos no Brasil. Mas uma equipe grande [como o Chelsea] tem que estar acostumada a isso. Eu gosto de jogar com estádio cheio até porque a gente não ouve muito. Vocês disseram que gritaram meu nome, mas eu não tinha escutado."

Eleito melhor jogador em campo, David também defendeu o interesse dos europeus na competição e seu técnico. "Todos aqui têm gana de ganhar. Quem não tiver, não merece estar vestindo a camisa de um grande clube. O Mundial vem numa boa hora para nós, que acabamos de ser eliminados na Champions League. E eu espero sempre poder ajudar e estar dentro de campo, independentemente da posição. Quero fazer o melhor para o time, não para o David. Isso [ser escalado no meio] não foi uma coisa que o Rafa decidiu do nada, são coisas que a gente trabalha todos os dias."

Por fim, David Luiz analisou o atacante Guerrero, que possivelmente teria de marcar no domingo. "Nunca joguei contra ele, mas conheço ele desde a época do Hamburgo. Guerrero tem muita presença de área, muita força, mas precisamos ter cuidado com todos os jogadores do Corinthians."

SEMIFINAL – JOGO 2

Juiz: Carlos Vera (EQU)
Assistentes: Christian Lescano (EQU) e Byron Romero (EQU)
Local: Estádio Internacional de Yokohama
Horário: 19h30
Público: 36.648 pessoas

MONTERREY (MEX) — 1

1	Orozco
2	Meza
	➤ 83min: 7 – Edgar Solis
5	Chavez (C 48min)
9	De Nigris (91min)
11	Ayovi
14	Jesus Corona
15	Basanta (C)
18	Cardozo
19	Delgado
	➤ 83min: 13 – Carreno
21	Mier
24	Sergio Perez
	➤ 57min: 4 – Osorio

T.: Victor Vucetich

CHELSEA (ING) — 3

#	Jogador
1	Petr Cech
2	Ivanovic
3	Ashley Cole
4	David Luiz
	➤ 63min: 8 – Frank Lampard
9	Fernando Torres (46min)
	➤ 79min: 13 – Moses
10	Juan Mata (17min)
	➤ 74min: 19 – Paulo Ferreira
11	Oscar
12	Obi Mikel
17	Hazard
24	Cahill
28	Azpilicueta

T.: Rafael Benítez

(C) - Capitão [A] - Amarelo [v] - Vermelho

87

ESTATÍSTICAS

9 ⟶	Chutes ⟶	13
3 ⟶	Chutes no gol ⟶	5
8 ⟶	Faltas ⟶	11
7 ⟶	Escanteios ⟶	3
3 ⟶	Impedimentos ⟶	3
49% ⟶	Posse de bola ⟶	51%

DIA 12

Sexta-feira, 14 de dezembro, Yokohama

Treino em Yokohama com mudança à vista

Um clima de desânimo se espalhou entre os jogadores na manhã seguinte ao massacre inglês diante do time mexicano, que era considerado acima da média. A facilidade com que os Blues criaram jogadas, quase em ritmo de treino, assustou alguns atletas. Poucos assumiam a preocupação, mas seus semblantes não deixavam dúvidas da apreensão antes da final.

Na entrevista coletiva da manhã, Paulo André disse que esperar o Chelsea poderia ser um erro. "A melhor defesa contra o Chelsea deve ser o ataque. A tática do Monterrey, esperando atrás, não teve sucesso." Entre as armas dos Blues, elegeu os habilidosos Mata e Hazard como principais perigos. "Mata joga na seleção espanhola e temos que ter cuidado com seus passes em diagonal. E Hazard é muito rápido. Eles são as referências e devemos manter as linhas juntas, reduzir espaços e atuar compactos."

Já o lateral Fábio Santos confiava nas soluções do seu treinador, mas elogiava o Chelsea. "É uma equipe forte fisicamente, com jogadores rápidos. Vamos ver o que o Tite passa taticamente, estamos focados e vamos competir, batalhar e guerrear. Vai ser difícil", resumiu.

Em seu site pessoal, Paulo André, um dos jogadores mais inteligentes do elenco, fora do campo, revelou um diálogo primordial com Fábio Santos na improvisada sala de fisioterapia armada no 11º andar do Sheraton. "Nós vamos ganhar, Paulo?", perguntou o lateral.

Em vez de expor as suas dúvidas, Paulo respondeu o que achou que precisava para ajudar o colega de defesa. "Só ganharemos se tivermos coragem, Fábio. Não podemos deixá-los com a bola nos pés o tempo todo. Temos de cutucá-los com força, pressioná-los no campo deles quando a vontade for de ficar esperando para não errar, e abrir espaço. Se fizermos isso, formos pra cima, temos chance", afirmou. "Então, acho que vamos ganhar", treplicou Fábio, mais confiante agora.

Depois de assistir ao jogo contra o Monterrey, Tite amadurecia a ideia de alterar o time da estreia para a final. O setor direito da defesa era o alvo. Alessandro poderia ficar vulnerável diante das investidas do rápido trio Mata/Hazard/Oscar, sem falar no lateral Ashley Cole, também de características ofensivas.

Até Tite ficou surpreso com a escalação do zagueiro David Luiz como segundo volante no time inglês, posição que o brasileiro nunca havia desempenhado nos tempos de Roberto di Matteo. E seu desempenho foi muito bom, para desespero dos corintianos.

Com menos mobilidade e capacidade de marcação, Douglas era o mais cotado para sair. Jorge Henrique e Romarinho largaram na frente para ficar com a vaga. Além de Douglas, poupado no treino com dores na coxa, Alessandro e Paulo André apenas correram em volta do gramado do Mitsuzawa Track & Field, a sede do Yokohama FC, segundo time da cidade que, nesta temporada, disputou a segunda divisão da J-League (a equipe local mais famosa é o Yokohama Marinos, cuja base é usada pelo Chelsea).

No começo dos treinos, porém, Tite percebia o estado de desânimo entre os jogadores e fez uma importante intervenção. Um chacoalhão ao seu estilo, paternal e emocional. O técnico gaúcho formou uma roda, olhou nos olhos de cada um e disse: "Vocês vão dentro deles". No meio do discurso, o treinador não deixou de usar as palavras-chave de seu trabalho: "dedicação", "comprometimento", "lealdade", "sem medo". E concluiu: "Vamos jogar muito e vamos merecer vencer".

Edu, o lorde corintiano

Após a definição da final e com o Corinthians e o Chelsea na mesma cidade, a imprensa do resto do mundo cresceu em torno da delegação brasileira, principalmente a inglesa. E um dos mais assediados não era jogador, mas o gerente de futebol Edu Gaspar, o Lorde, como começou a ser chamado no Japão.

"O presidente [Mário Gobbi] não pode me ver que brinca com esse apelido. Pegou no grupo", confessa Edu, sorrindo orgulhosamente da alcunha.

Comunicativo e elegante, Edu acompanhava todos os treinos. No lugar de agasalhos do clube, o executivo desfilava por gramados e hotéis trajando sobretudos alinhados e cachecóis com desenvoltura. Não bastasse isso, Edu é ex-jogador do londrino Arsenal e um dos poucos que domina a língua inglesa na delegação. Entre os jogadores, o idioma causa mais estragos do que as investidas de Messi, melhor do mundo. Paulo André, o zagueiro, é um dos raros atletas que se arrisca na língua, e com moderação.

No saguão do Sheraton, em Yokohama, os pedidos para falar com Edu pululam. E ele atende a todos com a mesma atenção: BBC, *The Guardian*, emissoras japonesas e até a Al Jazeera, maior TV do mundo árabe.

Oriundo de uma geração vencedora do Corinthians, Edu também ostenta o título do pioneiro Mundial de Clubes de 2000 no currículo, e não gosta quando tentam tirar a importância daquela conquista. "Fui a uma reunião da Fifa em Zurique, e parabenizaram o Corinthians pelo título, mostraram vídeos da nossa época. Isso [desmerecer o título porque o time não havia ganho a Libertadores] é coisa de torcedor."

Para Edu, o grupo atual é mais unido do que o talentoso elenco do título de 2000, que tinha o colombiano Ríncon, Marcelinho Carioca, Edílson, o Capetinha, Luisão em ótima fase, Vampeta, volante com habilidades ofensivas, entre outros. Os dois últimos, aliás, foram campeões mundiais da Copa do Japão e Coreia em 2002. "Eles [os jogadores atuais] têm uma característica bacana de todos se ajudarem. Não tem nenhuma estrela. Mas também vejo semelhanças com a turma de 2000. Os dois grupos têm uma mentalidade vencedora. Aquele time, que começou a ser formado em 1998, se doía muito por um empate ou por uma derrota, porque sabia que tinha sempre a possibilidade de ganhar. Esse grupo também foi criado assim. Eles querem vencer, sabem da responsabilidade de jogar pelo Corinthians."

Se sobravam atributos aos jogadores de 2000, fora de campo eles não eram exatamente parceiros de pôquer. "'Tinha racha, sim. Todo mundo sabe, né? Ríncon e Edílson... Ríncon e Marcelinho... Marcelinho e Edílson... Luisão tentando conciliar. Vampeta no meio também tentando ajudar todo mundo... Eu era muito jovem, ficava só tentando pegar experiência, na verdade. Mas sempre fui muito bem tratado, participei de todas as reuniões do grupo", relembra.

Edu deixou o Corinthians ainda muito jovem. Com 21 anos, assinou com o time de Londres. Aos 26, já no Valencia, da Espanha, começou a pensar na carreira depois da carreira. "Sempre tive uma consciência muito grande de que atletas com 32, 33 anos são veteranos para o futebol, mas muito jovens para a vida. Me preparei da melhor maneira possível para, quando acabasse a minha carreira, não ficar dentro de casa.... Minha mulher não ia me aguentar", brinca. Após voltar ao Corinthians para encerrar a carreira, o Lorde parou com 32 anos. E depois de uma conversa com Andres Sanchez, presidente na época, resolveu trilhar a carreira de executivo no próprio clube. " Todos achavam que eu tinha um perfil legal para isso, por ter jogado na Europa e na seleção brasileira."

Estudar e acompanhar a agenda itinerante de um time de futebol não é tarefa fácil. Mas o ex-jogador tenta conciliar as duas atividades. "Fazia um curso que tive de abandonar depois de seis meses. Agora estou fazendo outro, na FGV [Fundação Getúlio Vargas], que tem chancela da Fifa e é único, no Brasil, de gestão esportiva e marketing. É um ano de curso, já fiz três meses. Estou correndo atrás. Tenho que mandar meus relatórios on-line enquanto viajo. Estou curtindo", comemora o estudante.

Com boa relação com Tite ("Estamos tão afinados que um olha para o outro e já sabemos o que um quer do outro"), Edu defende a nova profissão e acha que o modelo inglês está com os dias contados. Por lá é comum que os técnicos acumulem a função de manager e cuidem pessoalmente de todas as contratações. "Essa figura do manager inglês está ficando um pouco para trás do resto do mundo. Hoje você tem, no Brasil, um executivo e um treinador. Esses dois dividem as funções. O treinador tem que se dedicar no campo 100%, e o outro tem que falar com ele sobre renovações e necessidades do elenco. O Manchester City, por exemplo, contratou agora três executivos, algo que não existia. A Europa começou a ver esse cargo, do gerente, cada vez com mais importância", explica o ex-jogador que começou no Terrão (apelido da equipe de base do Corinthians). Agora, o executivo Edu tem mais opções para reforçar o endinheirado time. "Quando o clube economicamente está mais forte, você pode procurar melhor no mercado. E o Corinthians é um clube com boa saúde financeira."

As diferenças de marketing

Era curioso, mas por mais que os responsáveis pelo marketing corintiano, direta ou indiretamente, se esforçassem, o time continuava um mero desconhecido em território japonês. Os moradores locais, com muita educação, sempre reconheciam e sorriam diante das palavras futebol e Brasil associadas. A terceira, Corinthians, era ignorada, mas, se tinha a ver com as outras duas, tinha a simpatia dos gentis japoneses.

Do outro lado da cidade, em uma região mais turística, quanto mais o Chelsea adotasse um estilo de popstar recluso, mais os japoneses cercavam seus jogadores como podiam. E quase dava para dizer que o marketing londrino estava de folga durante o torneio. As ações eram feitas quase que exclusivamente pela fornecedora de material esportivo, a Adidas, cuja rival Nike, do Corinthians.

Em estandes oficiais nas portas dos estádios, havia igualdade de espaço, com produtos dos dois times. Mas na venda os produtos ingleses goleavam. Fora do dia do jogo, a vantagem dos Blues era ainda maior. Na Marinos Town, centro de treinamento utilizado pelo Chelsea, uma loja só com produtos oficiais foi montada ao lado do espaço do time local, o Yokohama Marinos. Era possível encontrar de tudo, de camisas a carteiras e pôsteres. E os japoneses, que praticamente não conseguiam assistir a treino nenhum, consumiam.

Já nas cercanias do Mitsuzawa Track & Field, base de treinos do Corinthians, os jogadores acenavam para a torcida, o ambiente era de afabilidade. E aproveitando-se disso, a Nike... não montou nenhuma loja com produtos do time, perseguido no hotel apenas por torcedores brasileiros.

A diferença era clara. O Chelsea já estava estabelecido no mercado mundial. E a Adidas aproveitou o torneio apenas para espalhar a marca do clube por mais japoneses nas ruas da cidade – era fácil encontrar no metrô alguém com a camisa dos Blues nos dias que antecederam a final.

Por sua vez, a Nike queria que o time aparecesse para o mundo. Vender camisas não parecia ser uma das estratégias, mas sim mostrar a marca onde fosse, como na ousada instalação de um outdoor em Londres com a inscrição "The Almighty. Aqui é Corinthians". Engraçado para os torcedores do time. Irreconhecível para os outros. Ainda mais na nobre região de Kensington, com circulação de poucos torcedores. Também teve um caminhão circulando por Nagoya e Yokohama com o mesmo "Aqui é Corinthians", que não chegou a provocar nenhuma carreata. Por fim, uma benfeita campanha na internet que identificava uma "epidemia" de corintianos "locopositivos" no mundo todo, em diferentes idiomas. Camisas do Corinthians só na loja oficial da Nike em Yokohama, ao lado das camisas do Paris Saint-Germain. Em resumo, enquanto o Chelsea vendia sem esforço no Japão, o Corinthians se esforçava para ser reconhecido no mundo.

Strike inglês

Crianças de 5 a 9 anos ocupavam um dos campos de treinamento do Marinos Town sob o olhar atento de pais ou parentes, em volta, munidos de suas máquinas fotográficas, claro. Parecia mais uma brincadeira que um treino, talvez os que mais se divertissem poderiam seguir a carreira de jogador de futebol, quem sabe. No outro campo do mesmo complexo, ali perto, o Chelsea fazia um treino leve após a tranquila vitória na semifinal. Devia ter mais gente rindo com as crianças do que assistindo ao time de Londres. Não por culpa dos jogadores em si, mas a atividade foi novamente fechada para o público. De longe, dava para reconhecer a cabeleira de David Luiz fácil. E pouco mais que isso.

Um dos assessores ficava na ponta oposta à dos jogadores no gramado, controlando a imprensa e evitando qualquer aproximação.

De vez em quando, até conversava com os repórteres. Um brasileiro perguntou: "E o Abramovich, vem?". O funcionário do clube sorriu, e disse apenas um "talvez" sobre a presença do bilionário russo.

Como recompensa (e também para evitar que os jogadores pegassem no sono muito cedo por causa do fuso), Rafa Benítez depois levou a comissão técnica e os atletas para uma noite no boliche.

"Estamos aqui [em Yokohama] para trabalhar, mas é preciso fazer algumas atividades em horários específicos, quando os jogadores estão pensando em ir para a cama. Estive aqui em 2005 e sabemos que é preciso fazer alguma coisa para mantê-los ocupados, senão, eles vão dormir", contou Benítez, derrotado pelo São Paulo quando comandava o Liverpool havia sete anos.

A brincadeira foi dividida em desafios regionais. Numa pista, David Luiz, Oscar, Lucas Piazon e Ramires. Em outra, os espanhóis Torres, Juan Mata e Azpilicueta tentavam strikes. Entre os ingleses, o zagueiro Cahill, acostumado a derrubar zagueiros, foi o campeão em derrubar pinos. "Em nosso grupo não importava quem venceria, mas quem perderia, porque teria que servir o jantar, e foi Ashley [Cole]." Como pena, o lateral foi improvisado na posição de garçom, e dizem que mostrou pouca habilidade.

Apito turco

A Fifa divulgou o árbitro da final: o turco Cuneyt Cakir apitaria a decisão entre Corinthians e Chelsea no Estádio Internacional de Yokohama. Antes, no mesmo torneio, o juiz já tinha sido o árbitro da vitória do Monterrey por 3 a 1 sobre o Ulsan Hyundai.

No currículo, Cakir ostenta uma semifinal da Eurocopa de 2012. No duelo entre Espanha e Portugal, o empate no tempo normal e na prorrogação levou a decisão para os pênaltis, nos quais os espanhóis, com Juan Mata e Torres, saíram vencedores.

Mas isso não é tudo. Cakir também era bem lembrado pelos jogadores do Chelsea. O turco arbitrou a segunda semifinal da Copa dos Campeões de 2012, entre Barcelona e o clube inglês, no Camp Nou.

A partida foi cheia de emoção e tensão, principalmente depois da expulsão, justa, do zagueiro John Terry, que acertou uma joelhada em Alexis Sanchez ainda no começo do jogo, obrigando o Chelsea a jogar com um a menos quase a semifinal inteira. No segundo tempo, Cakir marcou também um pênalti contra o Chelsea, justo, e Messi, em uma prova irrefutável de que é humano, desperdiçou. No final do confronto, um gol de Torres deu a classificação para os Blues, que depois venceriam o torneio contra o Bayern de Munique. Resumindo, o juiz turco não é exatamente o melhor amigo dos ingleses. Mas não poderá ser chamado de pé-frio pela torcida.

DIA 13

Sábado, 15 de dezembro, Yokohama

Blatter agradece aos anfitriões em Tóquio

Joseph Blatter também chegou ao Japão. O presidente da Fifa foi ao país para acompanhar a decisão do Mundial de Clubes em Yokohama, mas, antes, esteve em Tóquio para divulgar o resultado da última reunião do comitê da entidade.

Na sede da Federação Japonesa de Futebol, em um prédio sem ostentação, o mandatário da Fifa mostrou a taça do torneio e apresentou o escudo que ornaria a camisa do time campeão durante o ano de 2013.

Blatter aproveitou para agradecer aos anfitriões japoneses pelos serviços prestados, como sede de várias competições interclubes (em 2013 e 2014, o torneio será disputado em Marrocos), e elogiou o sucesso da seleção de futebol feminino do país e o fato de a equipe masculina estar com um pé na Copa do Mundo de 2014.

Para os europeus presentes na coletiva, deu respostas enérgicas sobre o combate ao racismo. Esperto e político, fugiu de qualquer polêmica em relação a casos da alçada da Uefa, presidida por Michel Platini, de quem tenta se aproximar. Em relação ao favorito ao título, foi legitimamente suíço, como um chocolate ou canivete: "Corinthians e Chelsea são times que fizeram um grande esforço para estar aqui. Será uma grande final, sem dúvida, com estádio lotado", previu.

Blatter também foi questionado sobre os incidentes da final da Sul-Americana, entre São Paulo e Tigre. Mais uma vez, o manda-chuva do futebol fugiu de controvérsias, mas deixou um recado. "Que esse incidente sirva de alerta para os organizadores da Copa. Segurança é uma questão de polícia, do Exército. Nós do futebol não temos poder sobre isso. O que podemos ter são princípios. É uma pena que [São Paulo e Tigre] não puderam jogar a segunda parte do jogo. A origem da violência está na sociedade, na história da humanidade, antes da criação do futebol." No domingo, como de hábito, Blatter entregaria pessoalmente a taça ao campeão do Mundial.

Colete verde? Não

Praticamente uma semana depois de o presidente Mário Gobbi declarar que o veto à cor verde era ridículo e minimizar a polêmica quando o time teve de usar um logo na camisa com a cor do arquirrival Palmeiras, o verde voltou à pauta.

Desta vez, a Fifa fez uma espécie de workshop pré-final com Corinthians e Chelsea e apresentou os coletes destinados aos reservas dos dois times nos respectivos bancos: verde para os brasileiros e roxo para os ingleses.

Edu Gaspar, mais uma vez, correu para explicar a situação para a Fifa. "O entendimento foi tranquilo. O Chelsea já usa verde em seu uniforme reserva e também aceitou naturalmente, até porque trocaríamos com eles caso o colete fosse vermelho", explicou Edu, citando a cor do Manchester United, um dos rivais dos Blues na Inglaterra.

Desta vez, o Corinthians se livrou do verde.

Reconhecimento do estádio, com Jorge Henrique

Nada de mistério. Tite não tem o que esconder. Anunciou o que todos já esperavam: Jorge Henrique no time titular, no lugar de Douglas. Era a ajuda necessária para Alessandro segurar as investidas pelo lado esquerdo do rápido ataque do Chelsea. Não era uma tática nova. Mais de uma vez Tite sacrificou o poder ofensivo de seu atacante por uma efetiva contribuição ao sistema defensivo. Foi assim na semifinal da Libertadores, quando o Corinthians eliminou o Santos de Neymar. E Jorge Henrique tem fôlego suficiente para, além de marcar, apresentar-se para apoiar o time.

Nada de tristeza. Aparentemente. Mesmo à véspera da decisão, os corintianos demonstravam mais tranquilidade, ao contrário da tensão do dia anterior, quando estavam com o jogo do Chelsea na cabeça. A palestra de Tite parecia ter surtido efeito.

Com camisas de mangas cumpridas, calças, luvas e até gorros, jogadores realizaram um treino no palco da decisão. Usando apenas metade do campo, sob um frio de 5ºC, Tite pediu aos titulares que marcassem o time reserva sob pressão. Jorge Henrique estava do lado dos reservas, possivelmente simulando o que teria de encarar no dia seguinte. Pouco depois, como de hábito, o treinador pediu aos repórteres que se retirassem.

Mais tarde, Jorge Henrique demonstrou a habitual confiança. "Estou preparado. Estava buscando meu espaço e vou fazer de tudo para ajudar os companheiros a fazerem uma grande partida."

Depois, o atacante revelou uma conversa com Tite em particular: "Foi tranquilo. Ele já me conhece há bastante tempo e sabe o que eu posso fazer. Fiquei um pouco surpreso, pois o Douglas vinha muito bem no Brasileiro e no primeiro jogo. Não esperava, mas estou preparado para o que der e vier".

Em seguida, na entrevista coletiva, Tite só confirmou o que todos sabiam. "O Jorge Henrique entra no time como armador e ficamos com mais um jogador de velocidade, com o Danilo atuando mais por dentro. Sai o Douglas", confirmou. Depois o treinador tentou explicar a alteração: "Essa mudança tem um componente. No primeiro jogo queríamos mais posse de bola. Temos que observar o desempenho do atleta e daquilo que a equipe possa produzir dentro de campo".

Sem precisar usar a decisão de pênaltis nenhuma vez na Libertadores, o Corinthians também treinava as cobranças diretas, caso fosse necessário. "A gente treina pênaltis faz tempo. Mas lógico que em um jogo como esse tudo pode acontecer. Se for para os pênaltis, precisamos de tranquilidade", comentou o tranquilo Danilo, também presente na entrevista.

Foi nos pênaltis que o Chelsea derrotou o Bayern na final da Liga dos Campeões, com direito a defesas de Petr Cech, a muralha tcheca. "A gente sabe que o rival tem qualidade e não podemos errar. Nosso grupo está preparado para um grande jogo. Temos que jogar como sempre, com todos marcando e atacando, sabendo que temos condições de ganhar e de atacar de frente desde o início", completou o meia corintiano.

Tite, por sua vez, não é dos maiores fãs das decisões por penalidades. "Preparo os atletas para treinarem. Eu tive oito ou nove decisões por pênalti na carreira e não foram muito agradáveis", relembrou o treinador.

No Chelsea, armas de sobra

Mesmo sem Terry e Romeu, o leque de opções do elenco londrino deixava Rafa Benítez tranquilo e confiante na véspera da decisão. "Posso escolher qualquer jogador e ter a certeza de que ele vai se sair bem", declarou o técnico espanhol. Um dos principais líderes da equipe, Frank Lampard estava finalmente em condição de ser titular.

O camisa 8 do time inglês ficou um longo período se recuperando, jogou alguns minutos contra o Sunderland e também entrou no segundo tempo diante do Monterrey.

"Só se passou uma semana ou duas desde que Frank voltou. Temos que ir jogo a jogo." Escalado para participar da entrevista, o lateral/zagueiro Ivanovic usava a mesma cartilha de outros jogadores a respeito da valorização do Mundial. "Esse tipo de jogo motiva todo mundo. Não é toda hora que temos a chance de sermos campeões mundiais. Vamos tentar aproveitá-la", disse depois de salientar que sabe do peso especial que a conquista tem na América do Sul.

Ivanovic também elogiou a torcida corintiana e se mostrou impressionado com a quantidade de pessoas que torciam pelo Corinthians na semifinal, mas não acha que esse apoio pode ser condição determinante para o resultado e lembrou do próprio Chelsea, que venceu a Liga dos Campeões diante do Bayern, em plena Munique. "Terão muitos corintianos, como também nossos. Mas sabemos que a atmosfera da final tende a ser mais sul-americana. Temos que ficar focados no jogo", ensina.

Benítez também falou sobre seus espiões brasileiros na equipe. Quando perguntado sobre que tipo de informação poderia ter recebido, o espanhol devolveu: "Se eu tivesse descoberto um segredo [do Corinthians] não diria aqui, numa coletiva de imprensa". Benítez também foi questionado pelos brasileiros presentes na entrevista sobre sua grande sacada na semifinal, a de colocar David Luiz no meio-campo. E a resposta foi tão lacônica quanto enigmática: "Por que não?".

Apesar da descontração, o técnico espanhol sabe que nem o título é decisivo para prolongar seu contrato no comando do clube. Mas sabe que uma derrota pode abreviá-lo.

A invasão da véspera

Uma invasão das áreas mais comerciais de Yokohama estava em curso desde a manhã de sábado, véspera da decisão. Andar no metrô da cidade se mostrava uma verdadeira "tour de force" até para um experiente usuário da linha vermelha do metrô de São Paulo que precisasse descer na estação Sé entre 9h e 10h. Em outras palavras, estava cheio. Muito cheio. A diferença principal é o ruído. Até quando o vagão está insuportavelmente lotado, os japoneses dão um jeito de fazer entrar mais uma dúzia por estação. E ninguém reclama. Também ninguém ri, discute a relação ou conversa ao celular (é proibido).

Mas a multidão nas ruas e shoppings não tinha nenhuma relação com a invasão corintiana. Eram apenas consumidores japoneses. Os jornalistas brasileiros estavam tão absortos na cobertura da final do Mundial que demoraram para perceber que o dia era o penúltimo sábado antes do Natal.

Entre várias decorações caprichadas no neon, os japoneses param tudo para apreciar um show de música e luzes em torno de uma árvore de Natal relativamente pequena no interior da moderna Queen's Square, a supergaleria bem próxima do hotel do Chelsea. Era quase difícil perceber de onde vinha o brilho: da árvore ou dos flashes dos celulares, que faziam às vezes de máquinas fotográficas.

Na Landmark Tower, torre panorâmica localizada bem acima do hotel que hospedava o time de Londres, o desenhista Kazufumi Matsubara tenta arregimentar consumidores para seus retratos. Sempre com um sorriso, exibe as fotos que fez dos jogadores do Blues no térreo, no dia em que o time chegou. Mas não viu nenhum deles lá em cima.

De futebol, Matsubara entende um pouquinho e tem até ídolo brasileiro. "Gosto do Washington [ex-jogador do Fluminense e do São Paulo]. Ele jogou no meu time, o Urawa Reds", comemora. No dia seguinte, o jovem desenhista não iria ao estádio para acompanhar a final. Iria trabalhar no alto da torre, de novo. Talvez acompanhasse pela TV.

DIA 14

Domingo, 16 de dezembro, Yokohama

Dia da decisão

"Se você está percorrendo o caminho dos seus sonhos, comprometa-se com ele. Assuma o seu caminho de vitória. Enfrente-o com CORAGEM." Foi assim, com ênfase na última palavra, que Tite abriu sua palestra na manhã da decisão contra o Chelsea, em discurso confirmado por Paulo André em seu site.

Depois o técnico fez suas orientações táticas finais apresentando vídeos com coisas que o time precisava fazer e outros mostrando coisas que os jogadores já tinham feito. A única diferença é que os 11 do outro lado são uma minisseleção mundial. Assim, Tite exibiu também alguns vídeos com as fraquezas do rival, conscientizando seus comandados de que o adversário era humano e errava.

Ainda antes de partir para o estádio, o Corinthians recebeu uma visita ilustre, o presidente da CBF, José Maria Marin. Havia alguns meses, Marin tinha sido convidado para chefiar a delegação corintiana, mas declinou o convite. A desculpa oficial foi de agenda. Teria compromissos com a Fifa no próprio país, não poderia dedicar seu tempo exclusivamente ao clube paulista.

Nos bastidores, havia outro motivo. Uma saia-justa. Na semana em que recusou o convite, o presidente da CBF administrava uma crise que envolvia a troca de técnicos da seleção (saiu Mano, ex-Corinthians, entrou Luiz Felipe Scolari, ex-Palmeiras) e, principalmente, o pedido de demissão de Andres Sanchez, ex-presidente corintiano e diretor de seleções da CBF, com quem entrou em rota de colisão. Sanchez, aliás, também estava no país para acompanhar a final.

Depois de uma conversa reservada com Mário Gobbi, Marin falou com os jornalistas. E, mesmo antes da decisão, o destaque da entrevista já era a torcida. "O Corinthians vai contar com o apoio importante da Fiel torcida, que fez sacrifícios para estar aqui. Precisamos deixar uma coisa clara: não foram 8, 9.000 pessoas, tinha muito mais. Atrás do gol tinha mais de 20 mil pessoas. Muitos se desfizeram de propriedades para estarem aqui, principalmente automóveis. Tenho certeza de que os jogadores estão conscientes disso e vão dar um grande presente de Natal à sua torcida. Fico até emocionado com isso", declarou o presidente populista... emocionado (?), que, reza a lenda, é torcedor do São Paulo.

"Eles [da Fifa] sempre respeitaram o clube, mas o que chamou a atenção deles foi a presença maciça da torcida. Não imaginavam que era tão grande como realmente é. Estamos do outro lado do mundo, 30 horas de avião e aqui está uma nação que tomou conta do Japão e das cidades", completou. Depois, palpitou sobre o resultado da final. "Que ganhe o Corinthians, de 1 a 0, 2 a 1, mas que ganhe."

Faltavam cerca de duas horas e meia quando o Corinthians deixou o Sheraton rumo ao Estádio Internacional de Yokohama, distante cerca de 20 minutos, trajeto que levou mais tempo devido ao trânsito provocado pela final e pelas compras de Natal.

No ônibus, Tite mostrou um último vídeo antes da partida. Nada de esquema tático ou jogadas do Chelsea. A comissão técnica recolheu depoimentos dos familiares de todos os jogadores. Até a mulher de Martínez, da Argentina, participou. Depois da exibição, palmas no ônibus. E tudo preparado para a final.

A terceira invasão, parte 2 – Yokohama

Jornalista do *Estado de S. Paulo*, Vitor Marques, que trabalhava na cobertura diária do Corinthians, encontrou um inglês pelo caminho. Torcedor do Chelsea, o rapaz perguntou quantos corintianos deveriam aparecer e ficou espantado quando ouviu que mais de 20 mil deveriam estar no estádio. "Acho que vêm uns mil do Chelsea", disse o britânico.

Como no dia da semifinal, a invasão começou cedo e discreta. Desde a hora do almoço era fácil encontrar algum corintiano uniformizado nas lojas da Queen's Square ou na fila da Cosmo Clock 21, a famosa roda-gigante em Minato Mirai que enfeita o skyline de Yokohama e que já foi a maior do mundo em 1999 (hoje é a 13ª). Com o passar do tempo e a proximidade geográfica do estádio, o número só aumentava. E os torcedores "organizados" já eram facilmente identificados no meio dos comuns. No metrô, a cada estação que o trem parava dava para ouvir um grito ("vai, Corinthians") ou um pequeno coro ("Timão, êêôôô, Timão, êêôôô").

Alguns resolveram comemorar antes, à base de saquê ou outra bebida alcoólica que estivesse mais à mão. Já na estação mais próxima do estádio, os corintianos se misturavam aos japoneses trajados de azul para torcer para o Chelsea. Vez ou outra um corintiano exaltado, e alcoolizado, fazia menção de reclamar. Um gritou no corredor da plataforma para o morador local que andava uns 10 passos à sua frente: "O japonês, tô falando contigo, japonês. Tira essa camisa azul, japonês. Aqui é Corinthians". Sem entender nada, mas sabendo que os gritos eram em sua direção, o torcedor do Chelsea apenas apertou o passo. O alterado e alcoolizado corintiano foi repreendido pelo amigo ao lado mesmo. "Deixa o cara." Mas foram pouquíssimas as ocorrências de problemas com torcedores na cidade.

O caminho que levava ao Estádio Internacional de Yokohama era repleto de ambulantes, alguns brasileiros. E, finalmente, os produtos, muitos pirata, com a marca do Corinthians tinham tanto espaço quando os do time de Londres. A cerca de 100 m do palco da final tinha até cambista. Um moço com uma placa dizendo que comprava ingressos. No entanto, quando você se aproximava dele, percebia que tudo era uma tática para vender entradas. Ao contrário do dia da semifinal, as bilheterias já estavam fechadas havia poucas horas da decisão.

Na frente do estádio, muitos torcedores chegavam. Mas só os do Corinthians faziam barulho. Os admiradores do Chelsea, japoneses, entravam no estádio como se estivessem entrando numa plateia de cinema, ordeiramente. E ainda ouviam protestos corintianos, mas nada muito sério. Além da quantidade, chamava a atenção a variedade geográfica dos torcedores do Corinthians.

Edson, de Santo André (SP), Pedro Fernandes, de Mogi das Cruzes (SP), Lucas, de Santana (bairro da zona norte da capital paulista), Roberto, da Vila Prudente (bairro da zona leste de São Paulo), Eduardo, de Londrina (PR), Flávio, de Shangai (China), Ricardo, de Brisbane (Austrália), Júlio, de Shizuoka (Japão), Eduardo, de Kariya (Japão), Ana Paula e Patrícia, de Sydney (Austrália), Rosana e Jessica, de Nagoya (Japão), Willie, de Okazaki-shi (Japão), Rodrigo, de Santa Cruz de la Sierra (Bolívia), Renato, de Vancouver (Canadá). Corintianos do mundo todo começavam a entrar no estádio, em comum, todos tinham confiança no título.

Já nas dependências do Estádio Internacional de Yokohama, o frio era forte, mas sem probabilidades de neve.

A torcida, que era pequena no começo da decisão do terceiro lugar, já quase lotava o estádio a uma hora da final. O telão da arena mostrava regularmente gols de títulos de edições passadas da Fifa ao som de "What Makes You Beautiful", sucesso pop da banda teen One Direction, inglesa como o Chelsea. Quando o telão mostrava a comemoração do primeiro título de 2000, festa; quando mostrava o gol de Mineiro, do São Paulo, contra o Liverpool, em 2005, vaias.

A final

Antes da decisão, os derrotados por Corinthians e Chelsea jogaram pelo terceiro lugar. Em duelo equilibrado, os mexicanos contaram com a sorte para abrir o placar logo aos 3min, com Corona, aproveitando trapalhada da defesa do Al Ahly. Após boas defesas do goleiro Orozco, o Monterrey chegou ao segundo gol e ao terceiro lugar.

Para os mexicanos, valeu a volta do país ao pódio da competição, o que só aconteceu na primeira edição do Mundial da Fifa, em 2000, com o Necaxa. Para o Al Ahly, significava o fim dos compromissos oficiais enquanto não se resolvessem os problemas no país. "Devemos fazer amistosos contra equipes dos países árabes", confessou o técnico Houssam el Badry.

Veio então o momento que todos aguardavam. Corinthians e Chelsea entraram em campo e foram saudados pelo estádio lotado. Gritos de um lado, palmas do outro. O que parecia improvável aconteceu e havia ainda mais corintianos em Yokohama do que em Toyota. O estádio parecia dividido, o que provocou vários comentários semelhantes na tribuna de imprensa. "Parece o Pacaembu."

Se Tite temia as investidas rápidas de Hazard, Oscar e Mata pelo lado esquerdo, Rafa Benítez tratou de facilitar a vida do time brasileiro. Afeito às mudanças desnecessárias na escalação, o espanhol sacou Oscar do time para escalar o forte, porém menos habilidoso, Moses. Também recolocou David Luiz na zaga, trazendo de volta ao time titular Lampard. Ramires ganhou uma vaga entre os titulares, mas o lateral Azpilicueta foi sacado. Era uma formação com mais presença física, mas sem o mesmo poder de fogo na frente.

Desde o início da partida, como era de se esperar, o Chelsea tinha mais posse de bola e comandava as ações ofensivas. Mas sem o mesmo ímpeto apresentado contra o Monterrey. De um lado, o plano de Tite dava certo e Jorge Henrique fechava o lado direito com

Alessandro. Danilo fazia o mesmo do lado esquerdo com Fábio Santos e, quando o Corinthians roubava a bola, armava rápidos contra-ataques com Guerrero ou Emerson.

Nas arquibancadas, a torcida, mais Fiel do que nunca, deixava o time ainda mais à vontade. Pela primeira vez, Rafa Benítez não ouviu o famoso protesto do minuto 16. Não foi uma trégua dos pouco mais de mil torcedores legítimos do Chelsea, mas sim a torcida brasileira, que abafou as palmas dos ingleses.

Mas as melhores chances foram do time inglês. Após um escanteio, Cahill chutou da pequena área, à queima-roupa, obrigando Cássio ao primeiro milagre do dia. Torres também desperdiçou algumas chances. No final do primeiro tempo, o Chelsea apertou um pouco e pareceu bem perto do gol, quando Moses recebeu do lado esquerdo, brecou e chutou colocado, com o lado de dentro do pé direito. Cássio voou e salvou o gol certo com a ponta dos dedos. Muitos na tribuna de imprensa na hora se lembraram do jogo contra o Vasco, pelas quartas de final da Libertadores. Daquela vez, no Pacaembu, Diego Souza, um dos principais jogadores do Vasco, pegou a bola no meio-campo, carregou até a entrada da área sozinho diante de Cássio, tocou colocado e viu o goleiro salvar o gol milimetricamente. Minutos depois, no fim da partida, Paulinho marcou o gol que classificou o time. Mas até hoje todos se lembram mais da defesa de Cássio do que do gol que valeu a vaga para a semifinal.

Tite passou o tempo todo de pé, orientando o time. Aplaudia desarmes e se desesperava com contra-ataques desperdiçados, principalmente com Emerson. Rafa Benítez também não fugia de suas características. Levantava, sinalizava, sentava, escrevia no seu bloquinho de anotações, voltava a se levantar, sentava de novo e escrevia.

Mal acabou o primeiro tempo e a maioria dos repórteres nas tribunas correu para se esquentar no café perto da sala de imprensa, no interior da arena. As conversas já tinham um tom bem mais animado do que antes da partida. O Corinthians segurou o ímpeto do Chelsea e até saiu para o jogo. "Se continuar assim, acho que dá", dizia um. "Tá ficando com jeito de Corinthians", comentava outro, deixando a análise de lado e expondo sua torcida.

O segundo tempo começou e a história tomou outro rumo. O Corinthians era quem tinha a posse de bola e cadenciava o jogo, bem ao seu estilo. Com o relógio correndo, parecia que o jogo ficava mais nervoso para todo mundo, menos para os jogadores corintianos. Era como se até o Chelsea soubesse disso. Os ingleses começaram a fazer ligações diretas algumas vezes após os dez minutos, procurando Moses e Torres. No meio, ficava claro que Lampard tinha voltado muito cedo a uma partida titular. Sem ritmo, começou a ser presa fácil para Ralf.

Nas arquibancadas, o som subia. Até os torcedores do Chelsea tinham desistido de apoiar. Não dava para ouvi-los. Atrás do gol de Cech, a Gaviões da Fiel dava o tom, e os outros alvinegros seguiam.

De repente, o que se via em campo era uma pressão corintiana. Não que Cech precisasse fazer grandes intervenções, mas o Corinthians conseguia rondar a meta do goleiro tcheco. Paulinho e Guerrero já tinham criado boas situações e falharam nas finalizações. Até que surgiu o lance capital.

Emerson jogou a bola para dentro da área por baixo e David Luiz cruzou. A bola sobrou na intermediária para Alessandro, que recuou para Chicão dominar quase na linha do círculo central. O zagueiro avançou e tocou firme para Paulinho. Habilidoso, o volante tocou de primeira, meio de calcanhar. A bola subiu e encontrou a cabeça de Jorge Henrique, que devolveu para Paulinho. A bola voltou para o camisa 8, na entrada da área, pingando na frente do seu pé esquerdo. Se fosse canhoto, possivelmente o jogador tentaria o arremate. Era destro. Então, Paulinho puxou mais ainda para a esquerda, tirando Cahill da jogada, mas a bola escapou de seu domínio. Não havia problema, Danilo fechava pelo lado esquerdo e tinha a calma necessária para definir o lance. Com um toque, driblou o duro Ivanovic e, ao mesmo tempo, arrumou a bola para o pé direito. Chutou. Cahill, que voltava estabanado, jogou-se em cima da bola num carrinho antes de Cech. A bola bateu nele e subiu. Na pequena área, com o goleiro no chão, Guerrero só escorou para o gol. David Luiz, Ashley Cole e Ramires estavam quase debaixo das traves, mas não conseguiram evitar o tento.

Guerrero correu em direção à bandeira de escanteio do lado esquerdo e foi efusivamente abraçado pelos colegas. Em cima dele e ao redor, mais para a direita, a torcida vibrava enlouquecida. Yokohama estava mais Pacaembu do que nunca. Na arquibancada um torcedor esticava a faixa da tríplice coroa: Libertadores, Mundial de Clubes e rebaixamento do Palmeiras. Até nessa hora eles lembravam de fazer piada com o arquirrival.

Na tribuna de imprensa, os jornalistas corintianos se dividiam em mandar notas para o Brasil e abraçar os colegas. Alguns desistiram de trabalhar na hora. Os que precisavam escrever para o on-line não tinham esse privilégio. Um ou outro já chorava como criança, sem esconder a emoção. E apenas um deles, que participa de um programa da TV paga, enlouqueceu. Urrava e xingava como se estivesse numa arquibancada. Quase não dava para reconhecê-lo. As bancadas para a imprensa eram compartilhadas, com dois jornalistas em cada uma. E, ao seu lado, uma mulher se encolhia, assustada. Um colega falou com ela, em inglês, para acalmá-la, que era assim mesmo... brasileiro, passional, coisa e tal. Ela respondeu, em português, que também era brasileira coisa e tal, mas nunca tinha visto nada daquele jeito.

Em campo, o Chelsea partiu com tudo para o ataque, mas sem a mesma objetividade. Aos 28 minutos, apenas quatro depois do gol, finalmente Benítez colocou Oscar no lugar de Moses. Quanto mais os ingleses corriam, mais o Corinthians valorizava a bola. No meio da pressão, era impressionante a calma de alguns jogadores corintianos. Danilo limpava a jogada como se estivesse jogando um combinado de casados contra solteiros.

Aos 40 min, Torres teve nova chance, frente a frente com Cássio, quase na marca do pênalti. Deu Cássio. Já nos acréscimos, finalmente Torres venceu Cássio com um toque de cabeça, recebendo cruzamento de Oscar. Mas estava impedido. Dois minutos antes, o Chelsea já jogava com dez homens após a expulsão de Cahill, em lance provocado (ou catimbado) por Emerson. No último lance, Mata ainda recebeu e chegou a tirar Cássio da jogada, mas, quase sem ângulo, tocou a bola no pé da trave.

Cuneyt Cakir apitou o fim do jogo. E o Estádio Internacional de Yokohama mais uma vez explodiu em festa brasileira, pouco mais de dez anos depois do pentacampeonato da Copa diante da Alemanha.

Dentro de campo a festa começou perto da área, em volta de Cássio. Guerrero, que tinha sido substituído, entrou em campo e abraçou Martínez e Chicão. Então todo o time correu para trás do gol de Cech para agradecer a apaixonada torcida. Tite abraçou a primeira pessoa ao seu lado, o diretor Duílio Monteiro Alves. Tinha que correr ainda para uma coletiva de imprensa antes de encontrar a família, presente no estádio.

O clima de festa também dominou a tribuna de imprensa. A ala corintiana comemorava, pulava e se abraçava, lágrimas nos olhos eram visíveis em vários deles (além do sujeito que urrava). Os não corintianos reconheciam o mérito alcançado pelo time brasileiro e cumprimentavam os amigos. Na cerimônia de premiação, Cássio foi justamente eleito o melhor jogador em campo (repetindo feito de Rogério Ceni, de 2005). David Luiz foi o segundo colocado, e Guerrero, o terceiro.

O público anunciado no estádio contabilizava 68.275 pagantes, cerca de cem pessoas a mais em relação à final anterior, entre Barcelona e Santos, mas aproximadamente 400 pessoas a menos que a decisão de 2008, que reunia Manchester United e LDU, de Quito. Mas o que ninguém discutia era qual torcida tinha tido a maior presença da história do Mundial de Clubes no Japão. Era a do

Corinthians. O número ninguém sabia dizer ao certo: mais de 20 mil, com certeza; cerca de 25 mil era o senso comum. Mário Gobbi chegou a contar 50 mil. O certo é que nenhuma torcida se mobilizou como a do time alvinegro. Nos próximos anos, certamente os torcedores do resto do mundo se lembrarão do Corinthians.

Emocionado, Mário Gobbi prestou sua homenagem à torcida ainda no estádio. "A torcida do Corinthians deu uma demonstração que jamais o Japão verá. Eu disse ao Blatter que ele vai reencarnar 100 mil vezes e nunca mais vai ver um clube com 50 mil torcedores aqui [estimativa apenas do presidente]. Ele me deu os parabéns. Eles não conheciam o Corinthians, então é difícil. O título vai para a torcida, que é o maior patrimônio que o Corinthians tem."

Benítez, o bi-vice campeão e a polêmica com Oscar

Se o título poderia dar alguma chance de efetivação ao interino Rafa Benítez, ele a desperdiçou. O espanhol que perdeu com o Liverpool contra o São Paulo (em 2005), mas venceu o Mazembe com a Inter de Milão (em 2010), saía de campo novamente derrotado por um time brasileiro.

Com expressão fechada, o espanhol fez um discurso-padrão. "Poderíamos ter vencido se tivéssemos aproveitado as nossas chances, mas não aproveitamos. Os times sul-americanos são excelentes nesta competição. E o Corinthians é uma boa equipe e tem bons jogadores. Fizemos uma ótima partida, criamos jogadas muito boas, mas ainda temos umas coisinhas para melhorar. Acho que isso é bastante positivo para o futuro", declarou.

Até a eleição do melhor jogador do Mundial era motivo para tentar engrandecer seu time. "Tivemos quatro chances de gol. E o goleiro deles foi o jogador da partida, isso indica o que nós vivemos."

Benítez ainda teve que responder a uma polêmica instantânea criada nas redes sociais que envolvia Oscar. De acordo com o Twitter, Oscar chamou Benítez de louco por deixá-lo na reserva. "Twitter, Facebook, blog... Não acredito muito nessas coisas. Acho que qualquer jogador fica frustrado por não jogar, isso é normal", minimizou Benítez sem saber direito o que aconteceu.

E o que aconteceu foi uma indiscrição de Mauro Naves, repórter de campo da Rede Globo que acompanhava a final. Tudo começou quando o cinegrafista da emissora viu Oscar no banco no primeiro tempo e perguntou, "Pô, Oscar, do lado de fora?". Sem microfone, a resposta do meia foi desarmada, dessas que ele daria para o ascensorista. "Também, esse cara [Benítez] é louco, olha a pressão que a gente está tomando..."

Sabendo do diálogo, Mauro Naves falou na transmissão da Globo, ao vivo, que cometeria uma indiscrição, mas que não tinha problema já que "não vai chegar no Rafa Benítez". O diálogo demorou uns 5 segundos para atravessar o mundo via Twitter de várias pessoas, em diversas línguas, até cair na mão do repórter japonês que indagou Benítez.

Outro inconformado com a posição de Oscar no banco era o jovem Lucas Piazon. "O Oscar tentou [jogar], mas é coisa da cabeça dele [Benítez]", desabafou o brasileiro antes de apontar a metralhadora giratória para os colegas. "O Corinthians mereceu ganhar porque jogou com amor. Ao Chelsea faltou amor, dedicação e caráter. Ninguém quis jogar, só alguns jogadores", detonou o atacante.

Segundo melhor jogador do Mundial, David Luiz, visivelmente abalado, poupou os colegas. "Não falo de outros jogadores, até porque eles são meu suporte e meu alicerce. Não ganho nada sozinho. Quando se ganha, todo mundo ganha. E quando se perde, todo mundo perde."

Para David, o Corinthians ganhou por um detalhe, mas o jogador ainda estava inconsolável. "Tenho coração e tenho sentimentos.

Sempre encarei minha profissão com dignidade. Eu vivo minha profissão e gostaria muito de ter sido campeão. Trocaria tudo pelo título da competição. Infelizmente, não deu."

O agradecimento de Tite

No gramado, após o título, Tite desfilava com uma faixa com a inscrição The Favela Is Here! (a favela é aqui!). Agora, o treinador entrava na sala de imprensa com outro adorno, a taça do título. Ao entrar, o técnico foi saudado com uma salva de palmas. Agradeceu a saudação. E continuou agradecendo em seu pronunciamento, primeiro à torcida. "O troféu é uma retribuição a todo torcedor corintiano pelo carinho que deu à equipe. Os que vieram para cá e aqueles que estão no Brasil, que não puderam estar presentes, mas estão presentes em espírito. Em segundo plano, coloco minha família. E tive uma felicidade a mais por todos estarem muito próximos a mim neste momento."

Emocionado e aliviado, o treinador agradeceu até a Abel Braga, técnico do Inter, campeão em 2006, que lhe deu alguns conselhos.

Tite ainda lembrou de um momento crucial e outro curioso que o levaram até a conquista. "Tive o privilégio de ter uma direção que acreditou no meu trabalho nos momentos difíceis. Agradeço ao Andres [Sanchez, ex-presidente] e ao doutor Mário Gobbi."

De fato, Sanchez manteve o técnico no cargo quando poucos manteriam, em 2011, após a derrota para o Tolima na fase preliminar da Libertadores. O revés foi encarado como vexame e a cabeça do treinador ficou a perigo. Sanchez foi firme e o clube foi recompensado com o título brasileiro daquele ano, que o classificou para a Libertadores, vencida em 2012.

A curiosidade: em 2010, quando comandava o Al Wahda, nos Emirados Árabes, Tite foi convidado para participar de uma cerimônia ao lado da taça do Mundial, que foi disputado no país árabe naquele ano. "Me falaram, 'feita a abertura, você tira uma foto com a taça'. Eu tirei, mas pensei que ia ser difícil chegar perto dela de novo. E o Corinthians [que o contratou em seguida] abriu de novo essa possibilidade."

Quando perguntaram se iria comemorar com saquê, o técnico brincou: "Tem que ser uma coisa mais turbinada. Saquê é pra... [se arrependeu do que diria e voltou] Tem que ser coisa mais turbinada". Depois da entrevista, Tite recebeu vários cumprimentos e até tirou uma foto com membros da imprensa.

Cássio, o melhor do mundo

Cássio jogou com o ombro todo enfaixado para diminuir a dor, que o incomodava havia algum tempo. Menos em campo, durante a final, aparentemente. Esbanjando tranquilidade, o goleiro foi soberano e evitou que o Chelsea abrisse o placar nos momentos em que era superior.

"Acho que foi a minha melhor partida", resumiu o goleiro, que também elegeu a defesa mais difícil da final. "Foi a do chute do Moses [de mão trocada, no primeiro tempo]. Estava com a visão encoberta e nem vi a bola sair. É sempre difícil para o goleiro quando isso acontece porque você não pode pular atrasado. Mas pude usar a minha envergadura e minha altura. Foi só no último momento que consegui tirar a bola", conta.

Depois da final, Cássio ficou surpreso com a eleição de melhor do torneio. "Estava ainda tão pilhado que não conseguia pensar que seria eleito melhor ou qualquer coisa assim. Foi uma surpresa, mas muito boa. Sempre tem o atacante que faz o gol, o meio-campista. Para o goleiro, é sempre mais difícil ganhar um prêmio de melhor da competição."

Festa com sushi

Depois de sair do estádio no final da noite, a delegação corintiana não tinha muito tempo para celebrar a conquista. Jogadores e comissão técnica voltaram ao hotel pouco antes da meia-noite.

Um andar inteiro do Sheraton foi reservado para a festa, que começaria por volta da 1h e era destinada apenas à delegação corintiana. Desta vez, o sushi e o sashimi estavam liberados no jantar, sem a supervisão da nutricionista. A celebração foi regada a champanhe, cerveja e refrigerante.

Vários torcedores fizeram barulho na porta do hotel, obrigando o Sheraton a reforçar a segurança.

Por volta das 6h, a equipe já tinha que se preparar para deixar o hotel rumo à longa viagem de volta para o Brasil. A primeira perna do voo estava marcada para sair às 10h de Narita. Muitos jogadores nem dormiram, passaram a madrugada conversando. Tite dormiu... um pouco: "Eu fui dormir por volta das 4h30, 5h. Fiquei repassando o jogo. Acho que só agora eu vou conseguir curtir".

A taça repousou tranquilamente na cama de Edu Gaspar.

DECISÃO DO 3º LUGAR

Juiz: Peter O'Leary (NZL)
Assistentes: Mark Rule (NZL) e Ravinesh Kumar (FIJ)
Local: Estádio Internacional de Yokohama
Horário: 16h30
Público: 56.301 pessoas

AL AHLY (EGI) 0		MONTERREY (MEX) 2	
16	Abou Elseoud	1	Orozco
3	Ramy Rabia	2	Meza
6	Wael Gomaa (C) [A]	4	Osório
9	Emad Meteab → 53min: 18 – Elsayed Hamdi	5	Chavez
		9	De Nigris
		11	Ayovi
11	Walid Soliman → 77min: 15 – Gedo	14	Jesus Corona (⚽ 3min) → 63min: 13 – Carreno
17	Sayed Moawad	15	Basanta (C)
19	Abdalla Said	18	Cardozo → 84min: 7 – Edgar Solis
22	Aboutrika		
23	Mohamed Naguib	19	Delgado (⚽ 66min) → 79min: 6 – Morales
24	Ahmed Fathi → 62min: 8 – Barakat	21	Mier
25	Hossam Ashour [A]		
T.:	Hossam El Badry	T.:	Victor Vucetich

(C) - Capitão [A] - Amarelo [v] - Vermelho

ESTATÍSTICAS

17	→	Chutes	→	6
9	→	Chutes no gol	→	3
14	→	Faltas	→	16
6	→	Escanteios	→	2
1	→	Impedimentos	→	11
54%	→	Posse de bola	→	46%

FINAL

Juiz: Cuneyt Cakir (TUR)
Assistentes: Bahattin Duran (TUR) e Tarik Ongun (TUR)
Local: Estádio Internacional de Yokohama
Horário: 19h30
Público: 68.275 pessoas

CORINTHIANS (BRA) 1

12	Cássio	
2	Alessandro (C)	
3	Chicão	
5	Ralf	
6	Fábio Santos	
8	Paulinho	
9	Guerrero (⚽ 69min)	
	⇀ 87min: 7 – Martínez	
11	Emerson	
	⇀ 91min: 4 – Wallace	
13	Paulo André	
20	Danilo	
23	Jorge Henrique [A]	

T.: Tite

CHELSEA (ING) 0

1	Petr Cech	
2	Ivanovic	
	⇀ 83min: 28 – Azpilicueta	
3	Ashley Cole	
4	David Luiz	
7	Ramires	
8	Frank Lampard (C)	
9	Fernando Torres	
10	Juan Mata	
11	Moses	
	⇀ 73min: 11 – Oscar	
17	Hazard	
	⇀ 87min: 21 – Marko Marin	
24	Cahill [V]	

T.: Rafael Benítez

(C) - Capitão   [A] - Amarelo   [V] - Vermelho

ESTATÍSTICAS

9 ⟶	Chutes	⟶ 14
2 ⟶	Chutes no gol	⟶ 6
17 ⟶	Faltas	⟶ 12
4 ⟶	Escanteios	⟶ 2
1 ⟶	Impedimentos	⟶ 4
46% ⟶	Posse de bola	⟶ 54%

DIA 15

Segunda-feira, 17 de dezembro, em trânsito, de Yokohama ao Brasil

Vai, Corinthians, para Frankfurt

Muitos brasileiros chegaram cedo ao aeroporto de Narita com destinos bem diversos. O voo do Corinthians sairia às 10h25 com destino a Frankfurt. Por volta das 7h, era possível encontrar um ou outro torcedor, identificado sempre por meio da já tradicional saudação: "Vai, Corinthians".

A delegação corintiana chegou logo depois, já mais reconhecida do que o time que desembarcara no país havia 11 dias. No saguão do aeroporto, corintianos saudavam os jogadores como heróis.

Em uma das lojas de conveniência, alguém achou um jornal nipônico destacando o título do Corinthians na capa. Alguns segundos depois de a notícia se espalhar, todos os exemplares se esgotaram.

O voo LH 711 da Lufthansa teria cerca de 11 horas de duração até a cidade alemã. Na decolagem, o comandante saudou a equipe campeã mundial.

Próximo ao momento da aterrissagem, um anúncio surpreendeu os passageiros. "E finalmente gostaríamos de desejar mais vitórias e títulos para o Corinthians. Um bom voo até São Paulo para que possam comemorar como um bando de loucos. Vai, Corinthians. Até a próxima", falou a comissária alemã Christine Miulus-Hellwig, com forte sotaque, para delírio e risadas dos corintianos a bordo.

Na saída do avião, Christine confessou que a mensagem estava num pedacinho de papel escrito à mão por um dos passageiros, mas não quis dizer qual. Coincidentemente, a comissária é de Hamburgo, cidade onde brilhou o peruano Paolo Guerrero. Depois foi a vez do comandante desejar um bom retorno aos torcedores do Chelsea, em tom sarcástico.

Ao desembarcarem, jogadores do Corinthians foram direto para um hotel do aeroporto para descansarem um pouco. O relógio mostrava 14h15, apesar do quase meio dia de voo. E a segunda perna da viagem só começaria às 22h, tempo para um descanso dos campeões mundiais.

A volta a Guarulhos

Pouco menos de oito horas depois de aterrissar em Frankfurt, a delegação corintiana já estava voando. O voo LH 506 seria o último da longa viagem de duas semanas que culminou com o título mundial.

Mesmo cansados, jogadores esbanjavam bom humor, como Jorge Henrique. O atacante que entrou no time na partida decisiva deu uma de galanteador no momento do embarque. Instalado na primeira classe, brincou com uma mulher que olhava os jogadores com admiração. "Oi, você vem sempre aqui?", perguntou o jogador, sorridente e confiante com a cantada inédita. Diante do sorriso da moça, emendou: "Eu vim esse ano, mas gostei. Acho que vou voltar no ano que vem". Alguém que passava cortou o raciocínio do campeão. "Ano que vem não é aqui, Jorge. É no Marrocos." Perto dali, na mesma primeira classe, William Arão apenas ria. "Esse Jorge Henrique é uma comédia".

Na classe econômica, um diplomata levava pela primeira vez o filho, ainda bebê, ao Brasil. Torcedor do São Paulo, ele se preocupou um pouco com a quantidade de torcedores do Corinthians a bordo (o bebê vestia um macacão listrado, verde e branco). A tensão foi injustificada. A criança não chorou durante o longo voo, e os corintianos entenderam que ela ainda podia escolher outro time.

O avião da Lufthansa chegaria com alguns desfalques para a festa do time. Paulo André não embarcou. Já estava de férias e pensou em aproveitá-las nos Estados Unidos. Já o homem do gol do título, Paolo Guerrero, ficou em Frankfurt, de onde rumaria para Hamburgo para resolver questões pessoais.

Em São Paulo, um forte esquema estava sendo preparado no aeroporto com participação da Força Aérea Brasileira, Polícia Militar, Polícia Federal, Receita Federal, Guarda Municipal e Prefeitura de Guarulhos.

Se na saída, sem título, 15 mil corintianos foram ao aeroporto apenas para desejar boa sorte, imagine o que poderia acontecer na volta, com a taça na bagagem? Pelo plano, a delegação usaria uma saída extra, sem passar pelo terminal de passageiros.

Já eram quase 7h (horário de Brasília) do dia 18 quando o avião pousou. O comandante, sem o mesmo humor do colega de Frankfurt, pediu desculpas e paciência aos passageiros, que teriam que aguardar a bordo pelo desembarque da delegação corintiana. Em seguida, funcionários da Receita cuidariam do processo de entrada dos jogadores no país.

Cerca de 800 policiais foram destacados para a operação da volta do Corinthians. Ainda na pista, a delegação foi recebida pelo governador Geraldo Alckmin, que avistou o primeiro corintiano a deixar o avião, o capitão Alessandro, com o troféu. Nas cercanias do aeroporto, torcedores já esperavam por seus ídolos para escoltá--los em um desfile em carro aberto. O time voltava a São Paulo como saiu, cercado pela massa. Mas agora, com a taça.

Este livro foi composto nas fontes Serifa e Formata e impresso
pela Intergraf Ind. Gráfica Ltda. para a Editora Prumo Ltda.